不都合な日本語

大野敏明

展転社

目　次

不都合な日本語

はじめに

序の巻

破の巻

急の巻

はじめに

新聞社の編集長の仕事ほどつまらぬものはない。

午後三時から翌朝の三時まで、十二時間、デスクに座り、夕方と夜の二度の打ち合わせを行い、一面以下各面の割り振りを決め、上がってくるゲラを読み、書き方、見出しの付け方に注文を付ける。家に帰るのは午前四時半、新聞受けにはすでに朝刊が届いている。翌日は一日中ブラ勤だが、編集局長、他の編集長との会議があり、部長会があれば出席して、週間予定をチェックし、時には指示も出す。その翌日は朝七時に出勤して夕刊のデジタル当番をやらされる。そしてその翌日、ふたたび午後三時から十二時間の勤務に就くのである。昼夜は逆転する。

編集長は自分で何かを書くということはない。私が編集長をしていたときの編集局長は、「編集長は仕事に専念してほしい」として、編集長が記事やコラムを書くことを禁止した。編集長は与えられたゲラを読んで、チェックするだけの仕事となった。無味乾燥である。物を書くこと、世に物を申すことを目的にこの道に入ったものとして、これは大きな苦痛であった。この苦痛から逃れるためには、編集長を辞めるしかない。それには編集局長とぶつかるのが一番と考えた。

彼はしばしば深夜泥酔して会社に上がってきた。宴会やパーティーで飲むのは構わないが、泥酔して帰社し、紙面に文句を言われるのは困りものである。ある夜などは著名な外交評論家を連れて帰社し、編集局長席のソファーで、皆が働いているのをしり目に大きな声でワインを酌み交わした。私はその席に行って、よそでやってくれるように頼んだ。

そんなぎくしゃくのお陰もあって、私は編集長を辞めさせられ、編集委員となった。作戦成功である。そして雑誌『正論』編集長の桑原聡氏の声掛けもあって、私は『正論』の平成二十年十月号から「不都合な日本語」の連載を始めた。連載は六年半、七十九回に及んだ。記者として、物を書ける喜びに勝るものはない。

今回、それらをまとめて一冊の本として上梓することができた。読者諸賢のご高評を願う次第である。

序の巻

「であります」は陸軍ことば（平成二十二年十月号）

現在の日本語の丁寧形は基本的に「です、ます」調といわれている。それに対する常態形は「だ、である」調である。というわけで、この文は「だ、である調」で書いていきます。

標準語の書き言葉としては「です、ます」調で十分丁寧なのだが、現実の話し言葉、あるいはあいさつ言葉などでは、「でございます」調がより丁寧な印象を与える。

結婚式に呼ばれたとしよう。あいさつを頼まれ、司会から「新郎の友人の佐藤さん、お願いします」などと紹介されると、「ただいまご紹介をいただきました佐藤です」で何の問題もない。だが、やはりそれだとあまりに普通、というわけで、少し丁寧にしたつもりで「ご紹介を賜りました佐藤でございます」なんて言う。これはこれで正しい。普段、使わない言葉を使ってみるというのも、結婚式のような非日常的な世界ではいいかもしれない。

司会もそうで、「新婦の中学時代の先生でいらっしゃいます」と言えば、十分丁寧なのに、「新婦の中学時代の先生であらせられます」などと舌を噛みそうな言い回しをする。

ところが、さらにさらに格式ばって、「ご紹介をいただきました佐藤であります」と直立不動的に言う人もいる。「でございます」が「であります」に変化しているのだが、一体、何が違うのか。

実は「であります」は方言なのであります。どこの方言かって？　泣く子も黙る長州弁、いまの山口県の方言であります。

明治になって、新政府は教育の普及に力を入れた。日本には資源はない。あるのは人材だけ。しかし、当時の六十余州、二百六十有藩の日本人は、お互いにほとんど言葉が通じなかったのです。

そこで、江戸時代、各藩の武士たちが標準語のように江戸で使っていた武家言葉をもとに新しい標準語を作成することになった。そうして作られていったのが、現在われわれが使っている標準語の原型である。

「です」は江戸時代の「でげす」の簡略形である。目上の人にへりくだっていう言葉だった。「そうでげす」ってな具合ですな。それより丁寧だったのが「でございます」。

だが、教育はいまでいう文部科学省の担当。学校以外に標準語教育が必要なところが、もう一カ所あった。それは軍隊である。軍隊は命令で動く。戦場であれ、内地であれ、命令が通じなければ戦闘はおろか、行進もできない。したがって軍はただちに軍隊標準語を決定して広める必要があった。当初は陸軍と海軍で一緒の標準語を作っていこうとしたふしがある。しかし、陸軍が採用したのは長州弁をもとにした言葉であった。なにしろ、陸軍幹部は山県有朋、桂太郎ら、ほとんどが長州藩出身。いわゆる長州閥で占められていた。しかも長州弁が何とか江戸庶民も理解可能だった。そこでそのまま長州弁が陸軍の標準語になっていく。

対して海軍は西郷従道ら主要幹部が薩摩出身。一時は薩摩弁をもとにした標準語も考えられたらしいが、薩摩弁は薩摩人以外、だれも分からない。そこで学校教育による標準語に準拠することになった。

では、長州弁（陸軍）と学校教育の標準語（海軍）は何が違うのか。

陸軍は「自分は陸軍中尉、佐藤C作であります」と言う。海軍は「私は海軍中尉、佐藤C作です」と言う。まずは一人称が異なる。「自分」と「私」である。そして「であります」と「です」の違い。形容詞については、陸軍が「自分が悪くありました」というように「悪い」ではなく、「悪くある」と言う。海軍は単に「私が悪かったです」。陸軍は「自分がやるであります」。海軍は「自分がやります」。陸軍に入隊して「厠に行ってもいいですか」などと聞こうものなら、「貴様、日本語を知っておるのか、厠に行ってよくありますか、と言うんだ」と叱られたのである。下手すればビンタ。

海軍は志願だが、陸軍は徴兵。兵役を終えた人々が、この「であります」言葉を全国にまき散らしたのである。

いまでも、国会などでは与党、野党にかかわらず、ずいぶんとこの「であります」言葉を聞く。代表質問でも、答弁でも「何々であります」とやっている。「平和」「非核」「自虐史観」などを高らかに謳いながら、言葉は実は陸軍の標準語なんですねー。そういえば、菅直人首相も首相就任して、「内閣総理大臣の菅直人であります」とのたまわりました。よほどの陸軍好きかとおもいきや、彼、高校二年まで山口県で育ったのです。自分の地の言葉が、そのまま陸軍標準語、納得でした。

「シナ」はなんで嫌われる（平成二十二年十一月号）

三十年もむかしだろうか。ある新聞に某一部上場企業の新社長に決まった人の紹介記事が掲載された。記事にはその社長が「元中国派遣軍参謀」とあった。はて、中国派遣軍とはどこの国の、どの時代の軍隊だろう、といぶかしく思った。しばらくしてハハンと気付き、嫌味の電話をした。読者室の担当者が出た。

「中国派遣軍参謀って何ですか」

「あ、そのことですか。本当は支那（シナ）派遣軍参謀なんですが、弊紙はシナということばは使いませんので、言い換えてます」

「でも、支那派遣軍は固有名詞でしょう」

「ですが、シナは使えないのです。いや使わないのです」

「絶対に？」

「はい、絶対に」

「では、貴紙では東シナ海、南シナ海、インドシナ半島は何と表記しているのですか。ラーメンに乗っているのはシナチクじゃないんですか」

「ご意見承りました」。ガチャン。

固有名詞をかってに変えてはいけません。それは歴史事実の歪曲です。

それはそうと、みなさんは孔子様をなに人だと思っているだろう。かつて、孔子は「名は丘、字は仲尼、魯の人」とされ、なに人かなどと詮索する者はいなかった。だが、現代的には孔子にも国籍が必要である。現代の中国人に聞けば、「孔子は中国人」と答えるだろう。だが、孔子は本当に中国人なのだろうか。

それについてはしばらく置いて、シナと中国について考えてみよう。

古い新聞を開いてみるがいい。昭和四十七年の日中国交回復までの日本の新聞の多くは、「中国」とは「中華民国」のことであった。では「中華人民共和国」は何といったか。「中共」といったのである。しかし、その後、中国の国連加盟、日中国交回復などもあって、「中華人民共和国」を「中国」、「中華民国」を「台湾」と島名で呼ぶようになった。

中国という言葉は現在、一般的には香港をふくむ中華人民共和国を称する国家を指す言葉として定着している。「中華人民共和国」であれ、「中華民国」であれ、略せば「中国」だから、中国という言葉は、国家の略称であると考えていい。

従来、この地域には秦、漢、隋、唐、宋、元、明、清といった王朝名はあっても、地域名はなかった。だが、それではあまりに不便なので、欧米諸国では初の統一王朝である秦《しん》の転訛である言葉を地域名として選んだ。英語でいえばChina（チャイナ）、仏語でシーヌ、ドイツ語でシナかチナかキナ、オランダ語でシナである。

では、国家の略称ではない「中国」という言葉があるのだろうか。これがあるんですね。「中国」はもともと、漢字文化圏では「世界の中心の国」という意味である。日本も自国を「中国《なかつくに》」と呼び、朝鮮もベトナムも自国を「中国」と呼んだ。もちろん、CHIAも自国を「中国」と呼んだ。

地域名がないのは、隣の朝鮮も同じ。新羅、百済、高句麗、高麗、朝鮮といった王朝名はあったが、地域を示す名はなかったのである。現在使われている韓国は「大韓民国」の略である。であるから、王仁博士が百済人であるとか、李舜臣が朝鮮人というのは正しいが、韓国人とするのはかなりの違和感がある。厳密には間違いだろう。

そこで孔子にもどると、以上の理屈から孔子を中国人とするのは間違いということになる。彼は「魯の人」であり、昔風にいえば「唐土《もろこし》の人」であり、あえていえばシナ人なのだ。ソ連が健在だったときに、フルシチョフをソ連人とはいわなかったのと同じ。

ところが、なぜか日本では多くの国が使っている秦から転訛したことばを忌避している。彼らも日本が「シナ」というのを許さない。でもロシアでは中国を「契丹」の転訛である「キタイ」といっているが、文句をつけた形跡はない。

北京政府を指すときは中国を、台北政府を指すときは台湾を、もちろん台湾の地域名も台湾を、そして、大陸全般について指すときはシナでいいではないか。シナこそはチャイナの元になった言葉であるからだ。東シナ海、南シナ海、インドシナなどは無抵抗で使用しているのに、シナだけ忌避する理由はない。彼らも胸を張って、シナの歴史と文化を誇るがいい。

「マジッすか」はマジ？（平成二十二年十二月号）

ヒラ藩士は上司に「それはまことでございましょうか」

上司「まことじゃ」

逆に上司はヒラ藩士に「偽りではあるまいな」

ヒラ藩士「断じて偽りではござりませぬ」

江戸時代、相手の言うことに疑念を生じた場合、このような言い方で真偽の確認をした。

戦前は「間違いないな」「間違いありません」という感じであろうか。

戦後は「本当ですか」「本当だ」といったところだろう。まともな社会人の会話なら、平成の御世もそう変化はないかも知れない。

疑念ではなく、ただ単に「エッ、エッ、エッ」と驚き、相手の言ったことを確認する場合、昭和40年代には「うそだろ」や「うっそー」がはやった。

「きのう、A君がB子に迫ったらしいわよ」

「うっそー」といった具合である。疑念ではなく驚きです。もちろん、相手をうそつきと言っているわけではない。

さらに50年代に入ると、「やっだー、うっそー、ホントに?」と三単語連発がはやった。

「C教授のレポート、最低5枚、来週まで提出だって」

「やっだー、うっそー、ホントに?」となるわけですな。

いずれも相手の言っていることを疑っているわけではなく、情報をネガティブに受け止め、驚いているのである。とくに女子大生の間では圧倒的な支持率でしたね。

ところが、一部の人々から「うっそー」「ホントに?」は「驚愕及び確認ではなく、疑念の意味合いがある」との指摘があった。すなわち、言ったことを否定されていると感じた人がいたわけです。

確かに、親切にレポートの分量と提出期限を教えてあげているのに、「うっそー」「ホントに?」と言い返されると、自分がウソつきと罵倒されていると錯覚する人がいるのかもしれない。

疑念から生じた「まことか」「偽りか」「間違いないか」「本当か」、驚きから生じた「うそだろ」「うっそー」「ホントに?」というストレートな表現が姿を消して、平成になって登場したのが「マジ」なのである。

「マジ」は「真面目」(まじめ)の省略形。本来の「まじめ」は真剣な態度やまごころがあること、堅気といった意味があるが、「マジ」となった「まじめ」はちょっと違う。

「マジ切れ」「マジむかつく」などは「本気」「本当」の意味が込められていた。流行当初は仲間同士で「それマジな話かよ?」「マジだよ」とささやき合われるほどの使われ方だった。

意味的には「それはまじめな話なのか」ということで、「まじめな話」イコール「本当の話」イコール「驚くべき話」という意味の変化を生じた。

いってみれば、ある種の若者スラングだから、公の場や、会議、上司などへの報告には使えない。いや使えないはずだった。

ところが、平成の御世というのは、公私の区別がつかなくなりつつある時代で、公的な会話とスラングの壁が取り払われ、公の席で「マジ」がのさばり始めてしまった。

そして「マジ」に、「ですか」という丁寧語の簡略形「ッすか」を付けて、むりやり丁寧語にしてしまったのが「マジッすか」なのである。この結果、「マジッすか」は勝手に市民権を得て、平社員が上司に使える言葉に成長しつつある。

部長「君、これあすの朝までに仕上げておいてくれ」

新入社員「マジッすか」

この場合は「驚きだ」「本気か」「冗談だろ」「ふざけんな」「拒否したい」などの意味がミックスされている。何と広い概念であることか。

すでに報道の現場でも、次のような会話が行われ始めている。

「海保の巡視船にぶつかった中国の漁船の船長、釈放したんだって」

「マジッすか」

「大阪地検の特捜部長、逮捕だって」

「マジッすか」

「小沢、強制起訴だ」

「マジッすか」

まことに「マジッすか」は小説よりも奇なり。

ぶっちゃけの時代（平成二十三年一月号）

この世に生まれてまだ十年あまりではあるまいか。まさに二十一世紀に登場したことばである。何がって？　「ぶっちゃけ」ということばである。

電話がかかってきた。企業の広報担当者である。勉強会のお知らせだ。最後に彼はこうおっしゃった。

「ぶっちゃけ、会費は三千円です」

彼は地位も名誉もある中年サラリーマン。「ぶっちゃけ」と言われたときは、ちょっと驚いた。このことばを紳士から聞くのは初めてであったからだ。ぶっちゃけは、いまや、れっきとした紳士がお使いになる時代なのだ。

「ぶっちゃけ」は「打ち明ける」と「ぶちまける」の合成語らしい。「打ち明ける」も「ぶちまける」も動詞だが、これが合体して「ぶっちゃける」という下一段活用の動詞になり、そこから「る」を取って「ぶっちゃけ」になったのである。

では「ぶっちゃけ」の品詞は何か。「ぶっちゃけ頑張る」ともいうから副詞か、いや、「ぶっちゃけ三千円です」ともいうから、連体詞か、いやいや動詞の連用形から語尾を除いた単なる名詞では、えーい分からん。

わたしが最初に聞いたのは、金融機関の窓口である。「お客さま、いまの金利はぶっちゃけ、これこれでございます」と言われたのだ。その若く美しい窓口嬢の「お客さま」という丁寧な物言いと、「ぶっちゃけ」という、当時認知されているとは思えない、ぐちゃぐちゃした感じのスラングまがいのことばの同居に強い違和感を覚えたものだった。

彼女は親しみを表すためにわざと使っているのかと思ったが、その後も複数の金融マンから聞き、このことばが、その世界ではすでに一般化しつつあることを知らされた。

「ぶっちゃけ」は、誕生直後には秘密の暴露という意味であったらしい。「らしい」というのは、わたしが、その意味で聞いたことがなかったからだ。用法としては「ギョウザにメタミドホスを注入したのは、ぶっちゃけ、私なんですよ」といったところだろうか。これなら立派な秘密の暴露である。

それが単なる「ホントの話」「実のところ」といった軽い打ち明け話にも使われるようになった。

「わたし、ぶっちゃけ、高所恐怖症なんです」とか、「彼女、白い服を着るとぶっちゃけ、可愛いよね」って感じかな。それが現在では「要するに」「簡単にいうと」にニュアンスが拡大、軟化してしまった。

「きのうのテレビ、ぶっちゃけ、やばかったよな」「そうそう、まじあそこまでこけるなんてぶっちゃけ、きもくて笑えたよ」なんて感じになる。ここまで来ると、わたしには何のことだか、さっぱり分かりませんね。

そこまで人口に膾炙し、意味が拡大したからといっても、まだまだ企業の就職面接などではタブーだそうだ。

仮に企業の面接者から「君、ぶっちゃけ、聞きたいんだけど、どうして弊社を志望したの？」と水を向けられても、「はーい、おん社は社風が明るく、ぶっちゃけ将来性も高いと思ったからなんです」なんて答えると、ぶっちゃけ、落とされることは確実です。ご用心。

公の場での使用はまだタブーらしいが、現実はぶっちゃけばやりである。

尖閣ビデオはぶっちゃけられ、菅政権の無能ぶりもぶっちゃけられ、中国は反日感情をぶっちゃけ、国民は政府への不信感をぶっちゃけている。

だが、ここにぶっちゃけとは無縁の口の堅い御仁がいる。彼は自身に降りかかった疑惑に黙ったまま、ぶっちゃけの世に背を向けている。彼の名は小沢一郎。その〝硬骨ぶり〟がどこまで通用するかは、ぶっちゃけ、裁判の行方にかかっているらしい。

粛々（平成二十三年二月号）

先月、「ぶっちゃけ」を取り上げたところ、究極の「ぶっちゃけ」が現れた。「ウィキリークス」である。なにしろ、米国の軍事・外交の秘密文書が、何十万という単位で、次から次へとインターネットに乗って世界を駆け巡るのだから、これ以上の「ぶっちゃけ」はあるまい。米国政府は大慌てだが、これがいいことなのか、悪いことなのか、さっぱり分からない。

われわれの世代（団塊前後）は「粛々」と聞くと、「鞭声粛々夜河を過《わた》る」を思い浮かべる。父親たちが、手ぬぐいを頭に乗せ、風呂でうなっていたのである。

江戸後期の漢学者、頼山陽の漢詩、通称「川中島」の冒頭、第一聯だが、正しいタイトルは「不識庵、機山を撃つの図に題す」という。

不識庵とは上杉謙信の法号、機山は武田信玄の法号である。詩の主人公は不識庵なので、川を渡っているのは上杉謙信。渡っている川は千曲川であろう。反対に武田勢は北上して千曲川を渡り、川中島に到る。

さて、粛々だが、川を粛々と渡っているのではない。粛々としているのは鞭の音なのである。夜明け間近。あたりは静まり返っている。武田方に気取られないように、音を立てずに渡らなくてはならない。馬に当てる鞭も、音を立てずに、馬をいななかせないように、「粛々」と当てているのだ。

鞭の音さえ粛々なのだから、川を渡る音も一層粛々であることがうかがえる。すぐれた描写ですね。

第二聯は「暁に見る千兵の大牙を擁するを」。夜が明けると敵（武田勢）の軍勢が見えた。大軍が牙をむいていたのである。怖いですね。

一般に「粛々」には「うやうやしい」「厳正」「速やか」「慎む」「縮こまる」などの意味があるが、この詩の粛々の意味は「密やかに」「静かに」であろう。

さて、わが菅直人首相はこの「粛々」が大好きなようだ。

尖閣列島近海で、領海侵犯、違反操業のすえ、海上保安庁の巡視船に果敢にも肉薄攻撃をしかけて逮捕された中国人船長を、沖縄地検が釈放した際、意見を求められて、「地検が国内法に基づき、粛々と判断した結果」と答えている。

実は釈放前の段階でも、船長の処分について聞かれ、「国内法にのっとって粛々と行う」と答えていて、国民は中国漁船の行為の違法性から考え、当然、粛々と起訴されるものと信じていた。

ところが、まさかの釈放劇。菅首相としては、起訴しようが、釈放しようが、粛々であることに変わりないということのようだが、粛々の意味するところは異なる。

粛々と起訴する場合は「厳正」の意味であり、粛々と釈放する場合は「縮こまる」か「密やかに」の意味であろう。

菅さんは、国会対策も景気対策も外交も安保も、なんでもかんでも粛々なのである。便利な言葉ですね。

頼山陽の詩にもどろう。

第三聯、第四聯は「遺恨なり十年、一剣を磨き、流星光底長蛇を逸す」である。武田信玄を討ちとろうと十年間、剣を磨いて来たが、残念ながら、討ちもらしてしまった、という意味だ。

結党から十一年で政権を奪取した民主党だが、討ちもらすも何も、まだ何も討ってすらいない。いや討とうともしていない。川中島の戦いは五次にわたって繰り広げられたが、上杉謙信は第五次川中島合戦から十四年後に、天下統一の夢を果たせぬまま四十八歳で病死してしまった。

十一年一剣を磨いた民主党政権、粛々と川を渡ったら、そこには、牙をむいた国民が待ち構えていた、ということのないように祈っている。

チョーとメッチャのセレナーデ（平成二十三年三月号）

ひと昔かふた昔前、「チョベリバことば」というのがあった。「チョーベリーバッド」の略で、「とてもとても悪い」という意味。「ベリーバッド」という英語に「チョー」を付けたのである。「彼女の機嫌、きょうはチョベリバでやんの」などと使ったのである。この「チョベリバ」

に象徴される「チョー」は元々「超」で、「とても」とか「非常に」という意味が込められていた。だが、本来の「超」は「とても」とか「非常に」という意味はない。本来の意味は、「超える」「遠く離れる」である。

例えば「超常現象」とは、「常識的な状況を超えた、常識では考えられない現象」のことであって、「とても常識的な現象」ではない。新幹線のことを「夢の超特急」といったが、あれも当時の特急を超えたスピードを出したからである。「超俗」「超自然」「超現実」も、本来の「超える」「遠く離れる」の意味で使われている。

だが、昭和初期には「超大作」とか「超満員」などの使い方が登場して、「超」に「とても」という意味が付加されてしまった。戦前も、ことばを勝手に誤用して定着させてしまうことがあったんですね。その時代の識者も、「いまの若い者は…」と嘆いたことでしょう。まことにことばは生き物です。

だが、昭和も後期になると、「超」と漢字で書くよりも「チョー」とカタカナで表記した方がいい「チョーかわいい」とか「チョーむかつく」、これはさらに略して「チョむか」なんてことばが跋扈した。

ところが、最近どうでしょう。「チョー」をあまり見かけませんね、いや聞かなくなっていませんか。そう、前に紹介した「マジ」が「チョー」を乗っ取っているのだ。数年前までは「チョーかわいい」だったのが、いまは「マジかわいい」に置き換わりつつある。それともうひとつ、「めっちゃ」が急台頭、標準語の市民権を得つつある。東京でも「めっちゃかわいい」なんて使う若者が急増している。

「めっちゃ」は関西弁だ、そういえば、同じ関西弁の「しんどい」も標準語の市民権を得つつあり、東京のまん真ん中（ど真ん中は関西弁です）で、東京っ子が「めっちゃしんどい」と言う奇妙な現象が起きている。

「めっちゃ」は「めちゃめちゃ」「めちゃくちゃ」の「めちゃ」で、本来は悪い意味にしか使われなかった。大阪には「とても」を表す「ごっつ」が、京都には同じく「えらい」があるのだが、語感からか、最近は使用頻度が落ちている。

「とても」を意味することばで、若者が使うことばに「すごく」やこれを強調した「すっごく」がある。これも語源は「至極《しごく》」と「凄く《すご》」で、明治、大正のころまでは、「至極」が「きわめて」、「凄く」が「すさまじく」と使い分けられていたのだが、昭和になって、運命の合体をしてしまった。赤い糸があったんですね。

そういえば、むかしむかし、超然主義というのがあった。第二代首相の黒田清隆が言いだしたもので、政党に影響されない主義という意味だ。大正十二年暮れ、摂政宮（後の昭和天皇）が狙撃された事件の責任をとって、第二次山本権兵衛内閣が総辞職し、翌十三年一月に成立した清浦奎吾内閣も超然内閣と呼ばれた。

清浦首相は枢密院議長からの就任で、政党の集団である衆議院を無視、貴族院を背景にし、政党に影響されない、いや政党を無視した内閣であったので、そう呼ばれた。超然内閣は、もちろん、いい意味ではない。

清浦内閣は政党からも国民からもマスコミからもそっぽを向かれ、わずか五カ月で瓦解した。もっともいまの菅内閣も超然内閣かもしれませんね。何でだって？　だって、現実政策からあまりに超然としているじゃないですか。それとも「マジめっちゃ内閣」といった方がいいかな。

普通（平成二十三年四月号）

ローカルテレビ局で、小学生の女の子が二人、ピアノの曲に合わせて踊っていた。二人は息がぴったり。終わってアナウンサーとおぼしき女性が「上手ですね。かなり練習しましたか」と聞くと、「練習すれば、普通にできます」と答えた。

アナウンサーは「……」。

「普通」は「あまねく通じる」ということで、「なみ」「一般」という意味である。対義語は「特別」「特殊」「異常」などであろう。しかし、小学生が使った「普通」の意味は違う。「とてもよく」「しっかり」という意味なのである。

「あの子、普通にがんばっている」というのは「とてもがんばっている」という意味だし、「これ普通においしい」は「とてもおいしい」ということなのだ。

「普通」が「とてもよく」というニュアンスになったのは、ここ数年である。若い人たちの間では、すでに「普通」に使われているが、意味の変化に気がついていない大人の方が多いかもしれない。読者のみなさんも「……」ですね。

ではなぜ、このような意味の変化が起こったのだろう。

まず考えられるのが、「普通」であることが大変難しいと感じるいまの社会状況がある。世は少子化、子供は大事にされる。よほどの目的がなければ、子供に刻苦勉励（死語ですね）を押し付けないし、子供もしない。

例えばスポーツの試合。かつては「がんばって勝て」が当たり前で、負けると叱られた。だが、その後、「がんばったんだから、負けても仕方がない」と経過を重んじ、結果を問わない風潮が生まれた。子供はばかではない。がんばったふりをすれば、負けても叱られない、いや、よくがんばったとほめてすらもらえる。「普通」の子はがんばったふりをした。実際にはがんばらなかったのにである。だから、「普通」にがんばることはとてつもなく、立派なこととなったのである。

もうひとつ。日本は出る杭は打たれる社会といわれる。「普通」であれば打たれることはない。だが、「普通」で通すことはそれほど簡単ではない。「普通」であることは、場合によっては「特別」よりも大変だ。そこから「普通」が「とてもいい」「とてもすごい」という意味を生んでいったのかもしれない。

戦後の日本は「普通」ということばが大好きであった。

戦前の中学校は尋常中学と、工業学校、商業学校などに分かれていた。戦後の高校は普通科と、工業科、商業科などの職業科に分かれた。「尋常」が「普通」になったのである。これでは職業科が「普通」ではないみたいだ。

戦前の鈍行列車も普通列車になった。各駅停車のどこが「普通」なのだろう。急行や特急は「普通」ではないのか。

きわめつけは自衛隊の普通科である。戦前の歩兵を普通科としたのだ。いったい、歩兵のどこが普通なのか。工兵や砲兵は普通ではないのか。

学校にせよ、列車にせよ、自衛隊の兵科にせよ、およそ「普通」という概念にはそぐわない世界である。こんな調子だと、将来、病院でも内科を「普通科」と呼びかねませんね。「普通」でないから病院に来ているのに、「普通科にどうぞ」なんて言われたりして。

そういえば、「普通」がそぐわない世界がまだある。元号である。

中国の南北朝時代、梁の武帝（蕭衍）の二番目の元号がなんと「普通」なのである。西暦五二〇年から五二七年まで、普通元年から普通八年まで存在した。「普通」は中国正統王朝元号としても認知されている。この時代は戦乱に明け暮れた異常な時代でもあった。王朝の威令があまねく通じるようにとの願いであろう。「普通」の次の元号は「大通」であった。

いまの日本、政治も経済も社会も、とにかく異常続きの世の中、若者がいうように「普通にがんばる」ことは「とてつもなくすごい」ことなのかもしれない。

想定外（平成二十三年五月号）

三月十一日に起こった東日本大震災は、国内観測史上最大のマグニチュード九・〇であった。地震そのものによる被害も甚大だったが、津波による被害、犠牲者が余りに多く、息をのんだ。三陸沿岸の町々はあたかも絨毯爆撃を受けたようで、テレビ画面を見て目を疑った。

それらの自治体の多くは、昭和三十五年のチリ津波などの被害に遭っており、防波堤などもかなりしっかりと構築していたようだが、今回の津波は、それらの防波堤を軽々と越えて集落を襲った。自治体の人も防災関係者も「想定外だった」と口をそろえた。確かに千年に一度の地震である、想定外であろう。

しかし、同時に東京電力福島原子力発電所では爆発が起こって放射性物質が漏出するという最悪の状況にもなった。これについても東京電力は「想定外」と言っているが、福島原発は本体が津波に襲われたわけではない。しかも福島県浜通りは震度6強だった。震度6強が「想定外」のはずがない。

津波（tsunami）は日本語だが、世界共通語でもある。

日本での初出は慶長十六（一六一一）年から四年間にわたって書かれた日記「駿府記」だと

いう。駿府記は駿府（現静岡市）城にいた徳川家康に仕えた後藤光次（一説には林羅山）が書いたもので、「伊達政宗の領地で大波涛が来て、ことごとく流失して溺死者五千人。世に津浪という」とある。これは慶長十六年十月二十八日（旧暦）に起こった慶長三陸地震について記述したものだ。今回と同じ三陸であることを考えると、チリ津波もそうだが、リアス式海岸である三陸沿岸は津波に襲われやすいということがいえるのかもしれない。

「Tsunami」が英語として初めて使われたのはラフカディオ・ハーン（小泉八雲）の小説らしい。彼は巨大な波をtsunamiと表現し、それがそのまま世界共通語になっていった。が、もともとの英語に津波の意味をもつ語がなかったわけではない。それはtidal waveで、潮の満ち引きによる波のことだという。これでは海底地震による津波の意味にならないので、日本語がそのまま世界共通語になってしまったらしい。喜んでいいのか、悲しんでいいのか。

そもそも波というのは岸や浜に到達して消え去るもので、まさに泡沫《うたかた》、波は砕けて散るのである。

しかし、津波は岸や浜に到達しても消え去りはしない。到達してから猛威を振るうのである。したがって、ただの波ではなく、津（船着き場）に来てから波としての威力を発揮することから、津波という。

津波には海立、海嘯などの漢字が充てられることもある。海立はまさに、海が直立して陸に迫って来る恐ろしいイメージがある。海嘯の「嘯」は本来「うそぶく」だが、ここでは「ほえる」といった意味だろう。海が怒り狂って吼えて襲ってくるという感じである。西洋の発想でいえば、「リヴァイアサン」だ。

リヴァイアサンは旧約聖書に登場する海の怪獣で、十七世紀の英国の政治思想家、トマス・ホッブスの著書のタイトルでもあるが、ホッブスのいうリヴァイアサンとは強権をもつ政府のことである。彼の著書の初版本の口絵には、王冠をかぶり、右手には剣（王権）、左手には笏（教権）を持つ怪獣が描かれている。

民主党政権が誕生して一年半余、沖縄の基地問題から始まって、尖閣諸島の領海侵犯問題、子ども手当ばらまき問題、自衛隊関連の言論弾圧問題、外国人の献金問題などなど、その負の政策、対策は国民に猛威を振るっている。まさにリヴァイアサンですね。

いま、日本と日本人は政府と地震・津波、原発という三つのリヴァイアサンに苦しめられている。「想定外」などといって、人ごとのような顔をしてもらっては困りますね。

ハンパねー（平成二十三年六月号）

「やいやい、てめーみたよーなハンチクな野郎は見たことがねー。味噌汁でツラー洗っておっといきやーれ」

威勢のいい啖呵ですね。江戸っ子はこうでなくちゃいけねー。エッ、意味が分からないって？

現代標準語訳は「お前みたいないい加減な男は見たことがない。味噌汁で顔を洗っておととい来い」です。味噌汁で顔を洗ったり、おととい来ることはできないから、「二度と顔を見せるな」という意味になる。

「ハンチク」は最近ではほとんど聞かれなくなったが、もとは歯がゆく、いらいらすることを江戸弁で「半ちくたい」といい、「たい」が取れて、中途半端、いい加減なことを「ハンチク」というようになった。

すたれていく「ハンチク」に代わって登場したのが、「ハンパ」である。

「何だてめー、ハンパな仕事をしやがって」となる。

ハンパとは文字通り、中途半端の略で、満足のいく仕事ではない、いい加減、と言う意味である。「ハンパ者《もん》」などはかなり古くから使われている。逆に、きちっとした、あるいは完璧な、立派な、という意味で、「ハンパじゃない」ということばが登場した。

登場したのが戦前のいつごろかは分からないが、戦後にはしっかり確認できる。だが、江戸時代や明治期には見当たらない。

先般、NHKのBSプレミアムの「新選組血風録」を見ていたら、桂小五郎役の俳優が「農民を侮ってはいかん。農民の力はハンパじゃない」と言っていて驚いた。当時、「ハンパじゃないない」なんて言葉があっただろうか。ありませんね。まことにハンパな時代考証である。

それはともかく、「ハンパじゃない」が流行語のように幅をきかすようになったのは、平成になってからだろう。平成の若者たちは、「ハンパじゃない」から、さらに「じゃ」を取って「ハンパない」という言葉を生み出してしまった。

「あいつのドラム、ハンパないよ、ばっちし決まってっし」とかなんとか言うようですな。

だが、「ハンパない」は「ハンパじゃない」とはちょっと意味が違う。「ハンパない」は「すごい」「かっこいい」の意味が主流なのだ。「あいつのファッション、ハンパないよ」は完璧とか立派ではなく、「かっこいい」なのである。

その「ない」が東京をふくむ関東・東北方言で「ねー」に代わり、さらに「ハンパねー」に〝進化〟を遂げている。

関東・東北方言では、標準語の「ａｉ」発音は「ｅ」発音に変化する。「はいる」が「へーる」「だいこん」が「でーこん」ってな感じですな。「ない」が「ねー」に変化するのは時間の問題だったのだ。

三月十一日に起きた東日本大震災はそれこそハンパない地震であった。何しろマグニチュード9、である。福島第一原発の爆発もハンパない規模であった。海に空に放射性物質をまき散らしている。収拾のめどは立っていない。政府はとうとう国際原子力事象評価尺度を最悪の「レベル七」に引き上げた。チェルノブイリ並みの事故だというのである。まことにハンパないことである。

ところが、ここにハンパもハンパ、ハンチクなものがある。それは言わなくても分かりますよね。そう、わが菅直人政権である。

産経新聞に「官邸機能せず」なんて連載をされてしまっているし、記者会見では「首相の存在が不安要因だ」などと突っ込まれている。国際社会は日本の復興に温かい支援をしてくれているが、報道は辛らつだ。「(政権への)世界のメディアから同情の声はほとんど聞かれない」(中国・環境時報)と酷評されている。

ここだけの話、この際だ、思い切って言ってしまおう。「ハンパ」には「間抜け」「役立たず」という意味もあることを。

しっかり(平成二十三年七月号)

大学や高校には弁論部のある学校がある。学校によっては雄弁会といったり、言道部といったり、辞達会といったりするが、要は人前で演説をぶつことを目的としている部だ。最近はけっこう人気があるらしい。ブログやツイッターがはやると、逆に人の顔を見て話すことの意味が増大するということだろうか。車社会になると、みながジョギングを始めるように。

その弁論部に入ると、最初に先輩から言われることの一つに、「修飾語をすべて省いて話してみろ」というのがあるそうだ。

修飾語とは、「とても」「大変」など、ある言葉を飾り立てる言葉である。頻繁に使われるのが「本当に」だろう。選挙のときなどに候補者の演説に耳を傾けてみたらいい。演説の下手な候補者、中身のない演説ほど「本当に」が多用されている。

「私は国民の皆様の生活が、本当に保障された、本当に豊かで本当に明るい社会を本当に建設していくことが、本当にわが党と私に課せられた最大の使命であると、本当にお訴えをさせていただきたいと思います。本当にありがとうございます。最後の最後まで本当に頑張らさせていただきます」って感じかな。

意味、分かりますか。いまの候補者って、こんな程度ですよ。

まず、中身がない。「いただきます」の多用。「がんばらさせて」という間違った表現。「がんばらせて」が正しいのだが、より丁寧に言おうとして、不要な「さ」を入れてしまう。これが「さ入れことば」で、専門用語では過剰修正（ハイパーコレクション）という。

そして「本当に」の多用。いったい何が「本当」なんだか分からないまま演説は終了し、候補者は次の街頭に行って、同じことを繰り返す。ホントにもう。

弁論部の先輩に従って修飾語を除くと、「私は国民の皆様の生活が保障された、豊かで明るい社会を建設していくことが、わが党と私に課せられた使命であると思います」となる。すっきりしましたね。

この「本当に」に匹敵して多いのが「しっかり」なんですね。

漢字で書くと「確り」、副詞です。本来は「しかり」。そこに強調を付加する促音便「っ」が入って「しっかり」となったわけですな。「ぱたり」が「ぱったり」に、撥音便の「ん」が入って「あまり」が「あんまり」になるようなものでございます。

弁論においては、この修飾語に力を入れて話すことは、「論理性に自信のない証拠」とされている。かのドイツの鉄血宰相、ビスマルクは「論旨の弱いところでは、声を張り上げろ」とのたもうている。さすがですね。

それで思い出したが、鉄血宰相ならぬわが原発宰相の演説には「しっかり」が実に多い。しかも、「しっかり」という部分に、「しっかり」力が入っている。

「私の仕事をしっかりと果たさせていただくことが私の責任だと思っています」「復興に向けた対策をしっかりととらせていただくことが大事だと」「しっかり議論をさせていただいて、青写真を示させていただきたい」「被災者の方々の気持ちをしっかりと受け止めさせていただいて」

どうです。「しっかり」と「させていただく」のオンパレードではありませんか。それも声を張り上げて。

「しっかり」の意味はいろいろありまして、「堅固に」「信頼感ある」「たくさん」といったところでしょうか。「しっかり戸締まりをする」「しっかり約束する」「しっかり食べる」ってわけです。あっ、そうそう「しっかり屋」という言葉がありましたね。いい意味と悪い意味があり、いい意味は「堅実な人」、悪い意味は「しまり屋」と同じで「けち」。そういえば、自分の地位に「しっかり」しがみついて、絶対に手放さない、なんていうのも「しっかり屋さん」である証左なのかもしれません。しっかりしてるわ。

メド（平成二十三年八月号）

本号が書店に並ぶとき、菅首相がすでに退陣しているかどうかは分からないが、もし、退陣していたとしたら、「一定のメド」がついたということなのでしょうね。では何が「一定のメド」なのかというと、それはよく分からない。よく分からないが、六月二日の民主党代議士会で「震災と原発事故について一定のメドがつくまで、私にその責任を果たさせていただきたい」と述べたことを考えると、そう簡単にメドがつきそうではなく、かなり長期に首相の座に居座り続けたいというふうにも聞こえた。

それはともかく、菅さんが「一定のメド」と言ったもんだから、与党も野党もマスコミも、「一定のメドとは何だ」と大騒ぎになった。中には「メド」を辞書で引いた国会議員もいたとか。「メド」という言葉がいつから人々の口に上るようになったのかは、よく分からないが、本来は「もくと」といっていたようである。漢字で書くと「目途」でしょうな。「目」は音読みで「もく」、「途」は「と」ですが、「目処」と書く場合もある。「処」は「しょ」だが、慣用的に「と」と読んでしまったのだろう。

さて、いつから「もくと」が「めど」と読まれるようになったのか。これがまたまたよく分からない。だが、分からないばかりでは申し訳がないので、こんなことを考えてみた。

「もくと」は文語的な言い方で、かなり立派な内容のときに使い、やや硬い感じがする。だが漢字で「目途」と書くと、「目」を訓で「め」と読んでしまうご仁が出てきて、「もくと」ほど硬くなく、どうでもいいような話の場合は「めど」と使ってしまったのではないだろうか。

「視線」というと硬いが、「目線《めせん》」というと、ややくだけた感じがするのに似ている。

「めど」が「もくと」ほど立派でないことは分かったが、菅さんのように、自身の居座りのために使うと、漢字でも平仮名でもなく、「メド」とカタカナで書きたくなる。さらにくだけて格が下がったということですな。

では「めど」とは何か、ということになりますが、多くの辞書は「目星」「見通し」「目当て」「見込み」などとしている。「目星」を引くと「目当て」「見当」と書いてある。「目当て」を引くと「あてど」「目標」「目的」となる。「あてど」を引くと「目当て」が出る。堂々めぐり。

要するに「ある事象が、確実にそうなることが明らかになった段階」とでもいいましょうか。

今回の状況からすれば、「震災や原発事故からの復旧、復興が確実になる見通しがついたと判断できる段階」が「一定のメド」なのである。だが、震災から三カ月余、原発事故に関しては、前に進んでいるのか否かも分からない。ひょっとすると、事態は悪化しているのではとも思えてくる。だったら、「メド」なんか何年先になることやら。

菅流の「一定のメド」はまだまだメドがつかないということのようですな。さればこそ、いつ退陣するのかは、見当もつかない、ということになる。要するに「辞めないよ」と言ったに等しい。

そこで、鳩山さんが「うそつき」「ペテン師」と呼ばわった。まことに正鵠を得た批判ではありました。しかし、その鳩山さんも首相当時、前言撤回、朝令暮改のオンパレードで、とくに沖縄では「ハトではない、サギだ」と言われたほどだから、人のことは言えないでしょ。せっかく民主党は政権をとったのに、前首相が現首相を「ペテン師」と言うほどの泥仕合。とにかく、民主党のみなさんの言うことはころころ変わるから信用できない。まことに「不都合な日本人たち」です。

復旧、復興のメドの前に、民主党政権終焉のメドが見えてきたような気がする今日このごろです。

大丈夫（平成二十三年九月号）

友人と居酒屋に行った。四人座れるテーブルに二人で座る。少しゆったりした気分になれますね。しばらくすると、四人組の客が入店、ウエイトレスが、二人用のテーブルを指し、申し訳なさそうに言う。

「あちらに移っていただいても大丈夫ですか」

「？・？・？」。四人組が来たのだから、席を作るために、われわれ二人が二人用のテーブルに移るのは構わないが、「大丈夫」とはどういうことだろう。二人用テーブルには、時限爆弾でもしかけてあって、大丈夫でない何事かが起こるとでもいうのだろうか。いやいやそれは現実的ではない。二人で四人用のテーブルを占めているのに、狭い方に移らされるため、われわれがキレて暴れだすのではないか、それについて「大丈夫」かと聞いているのだろうか。

喫茶店に入ったときも、コーヒーを頼んだら、ウエイトレスから、「コーヒーで大丈夫ですか」と確認された。

一瞬、この店ではコーヒーを頼むと、何か「大丈夫」ではないことが起こるのだろうか、と考えてしまった。いや、彼女は、私がコーヒーを飲んではいけない病気か何かをしているのではないかと察して、聞いたのかもしれない。それとも、今日はコーヒーを飲んではいけない日に当たっているのかな。コーヒーを飲むと一体どんな「大丈夫」ではない事態が待ち受けているというんだ。色々考えた末、つい、「大丈夫です」と答えてしまった。われながら、何が「大丈夫」なのかも分からずに。

だいたい、喫茶店でコーヒーを頼んで、「大丈夫」でないはずがないでしょ。

「大丈夫」とは、古代中国語で立派な大人という意味なんです。一尺は約三十センチ、一丈は約三メートル。しかし、古代中国の周尺では一丈は約一・七メートル。そこから立派な大人

すぞ。
「大」をとった「丈夫」は、音で読めば健康という意味だが、訓では「ますらお」と読むのでしている」「堅固である」「問題ない」「間違いない」といった意味が派生し、現在に至っている。の男性を「大丈夫」というようになり、日本にも輸入された。その「大丈夫」に、「しっかり

それがいまや、人に何かを頼んだり、注文の確認の意味に使われているのである。居酒屋なら「こちらのテーブルに移っていただけますか」で済むし、喫茶店なら「コーヒーですね」と確認すれば十分だろう。ところが、「大丈夫」の使い方はこれにとどまらなかった。ある日、わが家にマンション購入を勧める電話がかかってきた。その勧誘マンは何と電話に出た私に「大野さんのお宅で大丈夫ですか」とのたもうたである。

私は、自分の家が自分の家であることの証明をしなくてはならないのか、と一瞬思い、次いで、だれかの抵当にでも入っていて、明け渡しを要求されるのではと疑い、最後に、自宅はひょっとして耐震強度偽造だったのだろうか、いや何かとんでもない悪霊にでも呪われているのだろうか、と悩んでしまった。

テーブルの移動やコーヒーの注文なら、どうってことはないが、自分の家が「大丈夫か」と言われれば、穏やかではいられない。

この「何々で大丈夫ですか」という言い方は、この数年に爆発的に流行している若者ことばの一つである。意味は「何々でいいですか」「何々で間違いありませんか」といった軽い確認

である。ウエイトレスも勧誘マンも深刻になって話しているわけではない。それにしても、なぜ、こんな奇妙な言い回しがはやるのだろう。

真逆（平成二十三年十月号）

「真逆」と書いて何と読むかご存じだろうか。普通に読めば「まさか」。「まさか、そんなはずはない」などと、否定をともなう「いくらなんでも」という意味の副詞である。ですが、現代では「真逆」は「まぎゃく」と読むのですよ。

二字熟語の上を訓、下を音で読むことを「湯桶《ゆとう》読み」というのは学校で教わりましたよね。でも「真逆」は広辞苑にも載っていません。認知されている言葉とはいい難いのだ。しかも意味は「正反対」で、本来の読みの「まさか」とは縁もゆかりもない。ついでに品詞も形容動詞とされてしまった。「真逆なり」などと使えるわけだから、形動ナリ活用ということになるんでしょうね。

「まぎゃく」が世に出始めたのは、二十年くらい前かららしい。当初は若者の世界で使われ出した。「正反対」の意味の「逆」は当初は、単に「逆」だけだった。

「Aさんの意見はBさんの意見の逆だよ」といった程度。いまでもそういう言い方をしますよね。その「逆」をより強調して「真」を付けちゃったんですな。「ぎゃく」という音が激しい印象を与え、それに「真」を付けてより強調したということです。

だが、「真」とは珍しい。これまでは「超」「激」「マジ」などが主流で、とてもやばければ「超やば」、とても辛ければ「激辛」、猛烈に写真を撮れば「激写」、本気でキレれば「マジギレ」などなどでありましたが、「真」を付けて、湯桶読みにするなんざ、芸が細かいですね。

「そっちは北じゃないよ。南に行くんだ。お前が向いている方向は真逆だよ」などと、当初はまさに正反対であることを強調する使い方であったようだ。

が、最近は大人も使うようになった、というか、使っていた若者がそのまま大人になり、意味に変化を来し始めたとみたほうが正確かもしれない。「問題を解決するためには方法が真逆です」というように、考え方や思想性の方向の誤りを指摘する言葉になりつつある。このように、辞書には記載されないながらも、現代では、かなり広範囲に聞くことができるようになった。

こんな言葉がはやるのも、世の中が、本来の在り方から大きく逸脱というか、それこそ「逆」の状態に陥っていることが、背景にあるのであろう。それも「真」を付けるほどの逸脱ということになりましょうかね。未曾有の大震災に際会して、いまの政治状況はなんじゃらほい。

震災復興は掛け声ばかりで、政局に明け暮れる政治家たち。被災地を訪問して、「案を出さなければ助けないぞ」と脅す復興相。鬱陵島に視察に行こうとした自党の議員にエールを送るどころか、「慎むべきは慎む」などと逆に叱りつける幹事長。どれもこれも呆れた「真逆」ですね。

牛肉が放射能汚染されたからといって、すべて廃棄処分。五百グラムの牛肉を百日間、食べ続けると影響が出る可能性があるんだと。そんな食生活したら、だれでも健康を損ねますよ。原発事故で、電力需給が逼迫しているのに、稼働している原発を定期検査で次々と止めて、節電を呼び掛けるのも「真逆」でしょう。

定期検査の開始を一カ月遅らせれば、何とか夏を乗り切れるものを、何とかのひとつ覚えで、法律の字句通りの検査を開始してしまうのも、発想が「真逆」ですよね。だって、法律は人間の生活のためにあるんでしょ。融通のきかないこと。

極め付きは、「辞任する」と言ったのに、延々と辞めない首相。そのねばり腰、どうして外交に生かせないのかな。猛暑でやけになった議員から、「この際、死ぬまでやってくれ。すべては彼のせいにできるから」という投げやりな発言もあったとか。

世の中はまさに「真逆」。かくして日本は真っ逆さまに落ちて行く。

政治生命（平成二十三年十一月号）

時代は、その時代を主導するものによって、何の時代、という言い方をする。例えば、明治時代は、政治が時代の主導権を握っていたので、「政治の時代」といわれる。明治時代とて、財政も金融も、ましてや日清、日露の戦争があったのだが、いずれも政治がその決定の主導権を握っていたわけですな。

昭和に入ると長引く不況の克服に、金解禁論争が起こるが、政治は景気の回復を図ることができず、軍による満洲事変が、景気回復の導火線となる。以後、終戦までは「軍事の時代」です。戦後しばらくは「政治の時代」が続いたが、高度経済成長期以降は、経済の進展がイデオロギーを凌駕し、政治も防衛も経済の動向に左右されるようになる。まさに「経済の時代」ですな。

さて、そこで、いまは何の時代なんでしょうか。

毎年のように首相が代わり、政治・政治家に対する不信感は頂点に達しているようだから、「政治の時代」でないことは確か。経済もめちゃくちゃなので、「経済の時代」でもない。ましてや「軍事の時代」でもない。いい言葉が浮かびませんが、あえていうなら、「素人政治家による破壊の時代」ってところですかね。

国会議員のバッジはつけているものの、政治に関してはずぶの素人が日本をいじくって壊しているという感じですね。免許もないのに自動車を運転して、あちこちにぶつけている。そういえば「仮免許」の首相というのも、いたっけ。

江戸時代は政治のことを「ご政道」といいました。ご婦人が、政治に関して何か言うと、「ご政道向きに口を挟むなどもってのほか。慮外者め」なんてしかられるぐらい、「ご政道」は男の独占物で、神聖とされ、その分、失敗は許されず、失敗すれば、老中であろうと、家老であろうと、下手をすれば身は切腹、お家は断絶。

幕末に一時、「政事」と書くことがあったが、明治以降は「政治」と書くようになりました。支配するという本義の「政」と、氾濫する河川を治めるという意味の「治」で「政治」としたのです。

昨年四月、時の首相（失礼ながら名を失念）は沖縄の普天間基地移転問題で、「職を賭す」とおっしゃったそうです。「職」とは何か。まさか「首相」だけではありますまい。やはり「議員」もふくむでしょう。ところが、彼は首相をやめただけで、いまは何の責任もない顔をして、民主党代表選に口をはさんでいた。江戸時代なら切腹なのにね。「ご政道向きに口を出すな」。

前の首相（こちらも名前を失念）もことし一月、「社会保障制度改革に政治生命をかける」とのたもうたそうですが、彼の「政治生命」とは何ですかね。

とにかく「政治生命」とは議員としての活動のことでしょう。ならば、「政治生命」をかけて失敗したなら、議員をやめないと筋が通らない。別に、民主党の面々に限った話ではない。何かというと「政治生命」をかけるというが、本当に政治生命をかけた政治家をみたことがない。国民も彼らがいう「政治生命」をまったく信用していないのです。

「政治生命」をかけるとは、失敗したら、議員をやめて、政界から引退することなんです。そういう覚悟なしに「政治生命」なんていわないでほしい。

かつて大野伴睦（私とは関係ありません）がいったように、「猿は木から落ちても猿だが、代議士は選挙に落ちたら、ただの人」。そのただの人になれということですよ。

でも武士の情け。ひとつだけ、政治生命を全うする道を伝授しよう。前々首相は普天間基地担当相になって普天間に居住する。前首相は原発対策相になって福島の仮設住宅に居住する。いずれも問題解決までは居住地を離れない。さすれば、彼らの犯した罪科の幾分かは酌量されるかもしれません。

テンパる（平成二十三年十二月号）

民主党政権は二年を超え、三人目の代表が首相の地位に就いた。自民党の首相が毎年交代していたとき、厳しく追及していたが、いまや、民主も自民も同じということらしい。とにかく、まともな人がどこにもいないんですよ。

世論調査では野田佳彦首相の支持率はおおむね五十パーセントを超えているようで、同慶の至り。前々首相、前首相（いずれも名前を口に出したくない）が、この世のものとも思われぬ人格というか、見識というか、もう滅茶苦茶だったから、誰でもいいから代わってくれというのが、国民のたっての願いであった。

野田さんは同じ民主党なので、大きな期待は持てないものの、前々首相や前首相よりは、まだましだろうという思いが、いまのところ五十パーセント超えの支持率になっているのかもしれない。だが、野田氏であろうと、前原氏であろうと、海江田氏であろうと、いまのままの民主党であれば、国民を裏切り続けることになると思いますよ。
なんでだって? そりゃそうでしょう。福笑いも真っ青の、思想ばらばら、方向ばらばら、意識ばらばら政党なんだから、まともな政策が打ち出せるわけがない。だったら、官僚に任せればいいのに、政治主導だと。政治がないことが問題なのに、ないものが主導できるわけないでしょ。

毎年、首相が変わるというみっともないことを繰り返している日本。泣いても騒いでも、二年後には総選挙を行わなくてはなりませんね。状況としては、もうテンパっちゃってるわけです。この「テンパる」は麻雀の「テンパイ」になった状態のこと。むかしから使われてきましたね。

「テンパイ」は漢字で「聴牌」と書き、広辞苑によると、「あと一枚のめざす牌が入れば上がれる状態」をいいます。北京音で「聴牌」は「ティンパイ」。日本の音では「聴」の漢音が「テイ」、呉音が「チョウ」、「牌」は漢音の「ハイ」のみ。したがって、漢音で「テイハイ」と読むべきですが、日本人は北京音を「テンパイ」と聴いてしまったのでしょう。

「テンパる」はその「テンパイ」をなんと五段活用の動詞にしてしまったのであります。すなわち「テンパらない」(未然形)、「テンパります」(連用形)、「テンパる」(終止形)、「テンパる時」(連体形)、「テンパれば」(仮定形)、「テンパれ」(命令形)、「テンパろう」(未然形)、「テンパった」(連用形の過去)というわけです。カタカナの部分が語幹で、ひらがなが語尾。ひらがなの部分が見事に「らりるれろ」になっていますね。だから、五段活用。外国語を動詞にして活用させてしまうのだから、日本語はすごい。融通無碍。あと一枚で上がりだから、完成直前のいい状態と思いきや、現代の「テンパる」は決していい意味では使われない。「焦る」「後がない」「余裕がない」という意味なのだ。麻雀用語ではなく、ネガティブな意味で広く使われ出したのは平成も二ケタに入ってからのようだ。

「仕事が重なっちゃって、今月はテンパってるから、その話は来月にしよう」「あしたまでに仕上げるように言われて、テンパっちゃった」などと使うようですな。できもしないことを引き受けて、ニッチもサッチもいかないのだったら、引き受けなければよかったんですよ。それなのに、テンパっちゃって。

本当の麻雀なら、上がりの牌をツモるか、振ってもらうのを待てばいいが、テンパった民主党を救う手だてはない。なぜなら、民主党には安全牌すらないから。ではどうしたらいいか。まずは解党して出直すんですな。できないことはできない。これ以上、国民を愚弄すると、だれも遊んでくれなくなりますよ。民主党解党に向けてリーチ。

あけおめ、ことよろ（平成二十四年一月号）

本号は一月号でありますので、「あけおめ」「ことよろ」。

えっ、何のことか分からないって？　申し訳ありません。「あけましておめでとうございます」と「ことしもよろしくおねがいします」の略でございます。

長めの文を、かように略すことが若い人の間で流行している。十代のみなさんの年賀状、あるいは年賀メールの何通かは、このような文面になっていることでしょう。仲間うちならよろしいが、上司、恩師、年長者に出すのはいかがですかな。

さて、昨年はとんでもない災害の年でありましたが、「ことしこそいい年に」なんて毎年言っているわけですが、ことしも期待できないでしょう。民主党は選挙をやる気はないようだし、やったところで、民主党か自民党のどちらかが政権を担当するのだろうし、いずれも国民の期待に応えられる政党とも思えないし、そもそもまともな政治家が存在していない状況なんですから。日本もいつギリシャやイタリアのようにならないとも限らない。

ところで、毎年「ことしこそ」と言いながら、まったく進展せず、しかし、絶対に進展させなくてはならない、きわめて重要な問題があるのであります。それは北朝鮮に拉致された人々を救い出すことです。

平成十四年九月、首相だった小泉さんが訪朝して、北朝鮮に拉致を認めさせ、翌十月に蓮池薫さんら五人が帰国することができた。さらに同十六年五月に再度訪朝して蓮池さんらの子供たちも帰国した。だが、その後、安倍、福田、麻生、鳩山、菅の日替わりならぬ、年替わり内閣は一体何をやってきたんでしょうかね。

日本政府は十七人が拉致されたとしているので、五人は帰国したから、残りは十二人ですね。しかし、実際には百人を超す人々が拉致されていることは確実らしい。北朝鮮は十三人を拉致したことを認め、五人は日本に帰国、残り八人は死亡したから、問題は存在しないとシラを切っていますが、八人のうちのひとり、横田めぐみさんが平壌に在住しているとの情報が、ついこの間もあったばかり。まさか、北のウソを真に受けているんじゃないでしょうね。

☆

某日、私は首相官邸の報道室にいた。野田首相の記者会見が始まった。私は手を挙げた。

「総理が胸に付けておられる青色のバッジは何でございましょうか」

「ごほん、ご存じないんですか。これはブルーリボンバッジです」

「かつて、仙谷由人さんも付けておられましたが、どんな意味をもったバッジですか」

「これは北朝鮮に拉致された日本人を取り戻そうという意志を表したものです」

「なるほど。すると、総理は拉致被害者を取り戻そうという意志をお持ちなのですね」

「当然です」

「では、だれが取り戻すのでしょうか」

「それは、それは、ごほん政府です」

「総理は政府のトップでいらっしゃいますから、当然、何らかの行動を起こしていると思いますが、どんな取り組みをなさっているんですか」

「いや、それは、相手もありますから、誠心誠意、全力を挙げて取り組むということで…」

「では、いまは何もなさっていないんですか」

「いや、そういうわけでは、とにかく、誠心誠意…」

「何もしていないなら、そのバッジはただのアリバイ工作。お飾りと同じじゃないですか」

すると、民主党の若手議員二人が私を両脇からはがいじめにして、報道室から蹴り出した。

と、ここで私の初夢が覚めた。「あけおめ」「ことよろ」

破の巻

ばっくれる（平成二十四年二月号）

のっけから恐縮ですが、自分で書いておきながら、「ばっくれる」という言葉は好きになれませんね。だって、なんか品がないじゃないですか。じゃあ、なんで書くんだ、とお叱りを受けるだろうが、理由は後のお楽しみ。

「ばっくれる」は「しらばっくれる」の前二字をとった前部省略形で、本来、「知っているのに知らぬふりをする」「とぼける」といった意味がある。

同じ前部省略形の言葉には「警察」を「サツ」、「刑務所」「ムショ」、「新聞屋」を「ブンヤ」など、善良な市民はあまり使わない言葉が多いようですな。似たものとしては逆読み隠語があります。「場所」を「ショバ」、「コーヒー」を「ヒーコー」「姐ちゃん」を「チャンネー」なんて感じ。「あのチャンネーとヒーコー飲みたい」などと使う。相手に悟られないための隠語です。極めつけは「デカ」。明治のころ、刑事は角袖の着物を着ていたので、「カクソデ」の初字と尾字をつなげてひっくり返し「デカ」としたわけです。当初は犯罪者間の隠語でした。本来カタギとは無縁の言葉ですね。

ただ、「ばっくれる」は隠語というよりは、「しらばっくれる」が長いので、単に短くしただけかもしれない。平成になってから口の端にのぼるようになったようだ。

辞書によっては「知らばっくれる」となっていますが、間違いでしょう。語源は「白々しく化ける」で「白化ける」、それが「しらばくれる」。さらに促音便化して「しらばっくれる」と転訛していったんでしょう。では、何で、「ばっくれる」なんて品のない言葉について書いているのか。何を隠そう、一川保夫防衛相のことを書きたいからに他ならない。

この人、就任早々の九月二日、「私は安全保障の素人だが、それが本当のシビリアンコントロールだ」とのたもうた由。この意味が分かる人は天才ですよ。シビリアンコントロールとは、自衛隊の最終的行動は国民に選挙で選ばれた者（首相や国会）が決定し責任をとるというもので、そのためにはコントロールするシビリアンは防衛問題について猛勉強しなければならない。自衛官は防衛問題の玄人だから、シビリアンが素人だったら、コントロールできないでしょ。当たり前ですね。

十一月十六日にはブータン国王夫妻歓迎の宮中晩餐会を欠席。同僚議員の集金パーティーに出席して「こちらの方が大事だから来た」とごあいさつしたんだとか。恐れ入りました、というしかないね。おまけに十二月一日、衆院で平成七年の沖縄少女暴行事件について質問されて「詳細は知らない」と答える。六日には参院で琉球処分について質問されて答えられない。ひょっとして、めちゃめちゃ自分に正直なご仁かもしれないね。

沖縄防衛局長の暴言で、沖縄に謝罪に行ったけど、八分あまりで知事に会談を打ち切られて、子供の使いとなる。とうとう、九日には参院で問責決議案を可決されてしまいました。それでも「辞めるほどの致命的なことはない」と続投宣言。野田首相も「責務をまっとうしてほしい」

だと。責務がまっとうできないとみなが思ったから、問責決議案が可決されたんじゃないの。

本稿執筆の十二月中旬現在、居座り続けています。

というわけで、「ばっくれ」まくってしまったのですね。鳩なんとか元首相の「普天間・辺野古」問題の「ばっくれる」に勝るとも劣らない「ばっくれ」方ではありませんか。尖閣も普天間も大震災も子ども手当も、民主党政権はまさに「ばっくれ」まくりです。

「ばっくれる」はなんと広辞苑第六版にも記載されている。意味は①知らないふりをする②姿をくらます。逃げ出すー。この品のない言葉、民主党政権のためにあるようなもの。いまやしっかり馴染んでしまいました。

愛（平成二十四年三月号）

「愛」とはまた美しい言葉ですね。すべては「愛」に始まり、「愛」に終わる。いや「愛」に終わりはない、永遠です。「愛」さえあれば何でもできる。とにかく「愛」ほど戦後の日本で「愛」され、多用された言葉はない。戦後の日本は「愛」であふれました。そういえば、「友愛」をキャッチフレーズにした「愛」とは無縁の首相もいたような。

その「愛」がなんで不都合なのか。

「愛」はむかしからある言葉。だが、「愛」単独で使われることはあまりなかったのではないか。恋愛、慈愛、母性愛、師弟愛など、熟語として使われることがほとんどだったと思いますね。動詞にすると「愛する」。五段活用ですね。これまた、単独で使われることはまれでした。「私はあなたを愛してます」なんて文章は、戦前の小説でまず見たことがない。では何といったか。「いとしく思う」「切なく思う」「恋しく思う」「恋焦がれる」なんてところかな。その「愛」がわれわれの前にどーんと現れたのは何と日本国憲法でありました。その前文。「日本国民は（中略）平和を愛する諸国民の公正と信義に信頼して、われらの安全と生存を保持しようと決意した」（原文は旧漢字、旧かな遣い）とあるのです。

「愛」という言葉が日本の法律に登場したのは、実にこの日本国憲法が初めてであるんですね。それまでの日本の法律家は、「愛」などという言葉を条文に載せるような無粋なことはしなかったのである。しかもいうに事欠いて、「平和を愛する諸国民の公正と信義」ときたもんだ。へそが茶を沸かしますね。

世界中の国と人々が平和を愛していて、公正と正義をもっているという前提で、日本の安全を確保しようというのだから、開いた口がふさがらない。これだけみても、この憲法が、GHQがこしらえて押しつけたものだということが明瞭に分かります。

前文にはさらに、こんなフレーズもある。

「われらは平和を維持し、専制と隷従、圧迫と偏狭を地上から永遠に除去しようと努めている国際社会において、名誉ある地位を占めたいと思う」

いくら戦争に負けたからといって、自分以外はみな正しく、自分だけが邪悪でありました、なんて意味の文章を憲法に載せさせられるとは、何ともひどい話じゃありませんか。独立を回復した昭和二十七年四月末の時点で、ただちに憲法を改正して、この屈辱の前文を削除すべきでしたね。それをしなかった、時の吉田茂はじめ、歴代内閣の罪は万死に値する。

というわけで、「愛」は憲法前文に堂々と法律デビューを果たし、以後、男も女も「愛」にあふれる日本を作っていきました。中には、憲法を愛してしまったために、結婚できなかったとのたもうた社会党の女性委員長もいた。ありゃなんじゃ。

だが、その「愛」は本物だったのだろうか。憲法前文の「愛」が実はまったくのウソ偽りであったように、戦後の「愛」も、実態のない言葉遊びに過ぎなかった。

ニセの「愛」を至上としてしまった日本。その結果、ロシアに北方領土を取られ、韓国に竹島を占領され、中国に尖閣諸島を脅かされ、北朝鮮に国民を拉致され、核の恫喝を受けても、「平和を愛する諸国民の公正と信義」のため何もいえずできず、なのです。まずは自分の国の憲法を自分で作ることから始めないと、この国はどんどん深みにはまって行きますな。

ところで、中国の簡体字の「爱」には「心」がありません。正字を用いている台湾の人々は、「中国の愛には心がないから、何をささやかれても、本気にしちゃダメ」と言っているそうです。ごもっとも。

適材適所（平成二十四年四月号）

日本は木の国です。現在は伐採が進み、森林面積が減少してしまいましたが、わが国土は豊かな森林に育まれてきました。森林こそが日本人の生活を支え、心を和ませてきたのです。現在の和歌山県は、かつては「木の国」と呼ばれました。江戸時代、江戸で大火があると、紀伊国屋文左衛門が紀伊の国から材木を運びこみ、大もうけをしたのです。

紀伊の国と書きましたが、これは和銅六（七一三）年、元明天皇の「二字佳名の詔」によって、「木の国」から改名したものです。それほど、木の多い国だったのですな。

でも、木なら何でもいいというわけにはいかない。土台を作るには腐りにくいヒノキ、柱は木目が美しく、香りもよいスギ、箪笥ならキリというように、どの材木がどこに適しているかということは大きな問題です。間違えると、せっかくの木が役に立たなくなってしまう。材木は本来の場所に使わなくてはならない、という意味でできた四字熟語が「適材適所」。

二月上旬に開かれた参院予算委員会で、「たちあがれ日本」の片山虎之助委員は「首相は適材適所というが、人事がへただ」と言いはなちました。だれのことかって？

いわずとしれた田中直紀防衛相のことです。この人は、一川なんとかという前任者が、素人発言をして内外から総すかんを食い、更迭された後任として就任したのです。

ところが、就任早々、国連平和維持活動における武器使用基準の緩和問題と、武器輸出三原則の見直し問題を取り違えてしまった。ひとつはＰＫＯにおける自衛官の武器使用の問題であり、もうひとつは貿易の問題です。本来、取り違えようがない。

普天間問題を聞かれて、今年中に辺野古に着工をすることを示唆してしまった。あわてて、友軍である民主党議員が助け舟質問をしたのに、「手順表があります」と着工発言を裏付けしてしまい、混乱に拍車をかけた。

一月三十一日には予算委員会から姿を消し、議員食堂でコーヒーブレーク。さらには、これもあれも秘書官が悪いと防衛省の秘書官を解任。そういえば、奥方もかつて外相時代に秘書官を解任している。婦唱夫随ですね。うるわしい。

でも、小欄は田中さんをぼろくそにいう気にはなれない。人間、年をとれば、頓珍漢になることもあるし、傲慢になったり、頑固になったりすることもある。もっとも生まれつきという方もおられるようですが。それより、適材適所などといって、一川氏や田中氏を防衛相に任命した人に責任がある。

思うに一川氏は防衛問題には何の関心もなかったのだろう。田中氏も同じ。防衛とか軍事とか、そんなことは興味がないのですよ。もっとも防衛問題に興味がなくて国会議員になるというのも信じがたいですが。

それよりも、自民党をはじめとする野党が、まるでクイズ番組のように田中氏に「これ知ってる？」「あれ知ってる？」と質問する方がいやらしい。田中氏は何も答えられず、ひたすら秘書官のメモを読むだけ。二人羽織などといわれてしまう。

というわけで、任命権者の野田首相に腹を立てていたのだが、どうも真実はそんなに甘くはないように思えてきた。首相は田中氏のレベルを満天下にさらすことで、この夫婦を政界から葬ろうとしているのではなかろうか。

自衛官の息子である首相が、二代続けて、あのレベルの防衛相を「適材適所」と思っているはずがない。防衛問題に理解のない二人を大臣にすることで、彼らの評価を下げ、次の選挙で当選させないという深謀遠慮なのではないだろうか。

そう考えると、首相の「適材適所」はまさに正しい。首相、そこまで読み切れなくて、ごめんなさい。

最高顧問（平成二十四年五月号）

いやいや驚きましたね。何がって、民主党が鳩山由紀夫元首相と菅直人前首相を党の最高顧問にしたことですよ。久しぶりに「ヤダ」「ウッソ」「ホントに」「マジかよ」「ざけんな」と叫びたくなってしまいました。

最高顧問とは何でありましょうか。なみいる顧問の中でも最高のレベルの顧問ということなんでしょうか。いや、そもそも顧問はそんなになみいるほどいるわけではない。では顧問とは何か。組織にとってはご意見を拝聴し、相談にのっていただく有り難い人のことでしょう。

英語で顧問は adviser、最高は supreme なので、最高顧問は supreme adviser ということになりますかな。企業でいうと、社長も会長も務め上げて、功成り名とげた立派な人物というイメージですな。高邁な人格、豊富な経験に裏打ちされた識見、現職を去ってはいるが、なおその力を組織に活用していただきたいということですかな。

わが民主党の最高顧問といえば、渡部恒三氏ら五人です。渡部氏は元々自民党の幹部で、竹下派七奉行のひとり。衆院副議長も務めました。最高顧問になったのもむべなるかな、ということでしょう。

「最高」というからには、ひとりであるのが原則です。「最高」が複数いたら、「最高」ではなくなってしまうものね。でも、五人もいるんだ。そしたらさらに二人も追加するんだと。確かに元副議長よりは首相の方が格が上か。

しかも、もっと驚いたことに、鳩山氏は外交問題の最高顧問、菅氏は新エネルギー政策の最高顧問だって。最高顧問に担当分野があるというのも初めてだが、耳も目も疑いますね。

おさらいをするまでもなく、鳩山さんは、普天間基地問題で二転三転してミソをつけ、沖縄とアメリカに泥を塗り、日米関係をガタガタにしてしまった張本人。「トラスト・ミー」と言って、「ネバー・トラスト」になった人。世界で彼を信用している国はないと断言してもいい。彼

二十一世紀における外交のできない世界の政治家（政治家だとすれば）の筆頭でしょうな。彼

に外交に関して相談するのは、外科手術のやり方を文学者に聞くようなもの。

もうひとりの菅さんはもっと悪い。原発事故をより深刻化させただけではなく、政府としての機能を不全にした人だ。先般出た民間事故調査委員会の報告書によると、菅さんは「混乱や摩擦のもとになった」と厳しく断罪されている。「首相がいなけりゃ、もっとうまくいった」といわれているんですよ。ジャーナリズムの中には、菅さんの刑事責任を問え、という声もある。彼を新エネルギーの顧問にする前に、がれきの処理を手伝わせろ、といいたいね。

要するに、鳩山さんは外交がまったくだめで、菅さんは原発問題で混乱と摩擦のもとになったとして、世間から「ノー」を突きつけられたのです。だから、首相を辞めさせられたのであります。それを外交と新エネルギー政策の最高顧問だって。野田・民主党は血迷ったとしか思えない。血迷った挙句、国民にケンカを売ってしまったということではないか。

さて、総選挙がいつなのか、ということが政治家の世界のみならず、新聞でも取りざたされ始めています。いつ解散があってもおかしくないとも。だが、国民は鳩山さんや菅さんが最高顧問の政党に投票しようと思うだろうか。

野田・民主党はあの二人を最高顧問にしたことで、民主党は外交と新エネルギー政策に関しては放棄したと宣言したと同じことになった。それを国内だけではなく、海外にまで喧伝したことになる。

それとも、野田さん、ひょっとして小泉さんみたいに、「民主党をぶっこわす」と心の中で叫んでいるんじゃないでしょうね。それならいいけど。

どや顔（平成二十四年六月号）

海外のメディアをぎょうさん集めて、これ見よがしに三段ミサイルを取材させ、金の坊やの体制確立を高らかに宣言する祝砲を打ち上げるつもりだったんだろう。だが、世の中はそう甘くはない。北朝鮮のミサイルは発射からわずか二分ぐらい飛んだだけで空中爆発、あわれ黄海の藻屑と化してしまったのであります。お気の毒に。

ミサイル発射は、世界中が止めても、北はどこ吹く風だった。どうせ、国際社会は制裁なんかできっこない、と踏んで祝砲を打ち上げ、各国首脳に「どや顔」をする予定でありました。ですが、あのとき、世界のみなさんの顔を立ててやめておけば、こんな醜態をさらすことなく、見返りに飴玉くらいはもらえたかも知れなかったのにね。

ところで、北朝鮮に関する報道で分からないことがいくつかあります。

そのひとつは六カ国協議。いったい六カ国協議とは何を協議しているんでありましょうか。聞けば、もともとは朝鮮半島の、なかんずく北朝鮮における非核化を話し合う協議であったとか。

ですが、ひとつの国が「おれは核をもっているよ」と嘯いて、他の五カ国が「やめてちょうだい」というのを協議というんですかね。そういうのは五カ国が協議をして、一カ国に対して物申すというのが本来の在り方だと思いますね。五人の原告と一人の被告、すなわち五対一の構図のはずなのに、なぜ六カ国協議となるのか。

しかも、六カ国協議が行われると、六人の代表が並んで手を重ねて、にこやかに写真撮影に収まるが、あれがまたまた分からない。なぜ、核を持っていると公言して、他国に重大な脅威を与えている国の代表と、バレーボールじゃあるまいし、手を重ねたり握り合ったりしなきゃならんのですかね。

もうひとつ分からないのは、中国に関して、いつも「北朝鮮に大きな影響力をもつ」という枕詞《まくらことば》がつくこと。

中国は北朝鮮が核を持つことを容認していない。ましてや人工衛星などと称してミサイルを発射することも容認していない。だって向きを変えられたら、北京にだって撃ちこまれるでしょ。

中国が北朝鮮に融和的な態度をとるのは、厳しいことを言って聞いてもらえなければ、影響力がないことがばれちゃうからですよ。

中国はこれまでも再三にわたって北朝鮮に核開発をやめるように言ってきた。だが、北朝鮮はどこ吹く風。何回も顔を潰された。にもかかわらず、「北朝鮮に大きな影響力をもつ」んだとさ。いったいどんな影響力なんだか。中国は北朝鮮には何の影響力ももたないことがはっきりしているのに、ああいう枕詞はいただけませんね。

北朝鮮からすれば、六カ国協議に参加している間は、絶対に攻撃されることはない。六カ国協議はまさに北朝鮮の生命線です。そして、時々すねて、六カ国協議から外れると、みんなが「帰って来いよ」と呼んでくれる。それでも駄々をこね、時間を見計らって出ていくと、何がしかのおみやげがもらえる。北朝鮮からすれば、こんな有り難い枠組みはありませんね。どこも北朝鮮に手が出せない。三日やったらやめられない。しかも、駄々をこねながらしっかりと核開発を進め、どっかの国に技術を輸出して、外貨も稼ぐ。ホントに六カ国協議さまさまですね。金正恩氏の「どや顔」が目に浮かびます。

「どや顔」は昨年の新語流行語大賞のトップテンに入ったことばです。「どうや、すごいやろう」という自慢げな顔のことで関西弁です。関西弁ですが、最近は全国区になっているようですな。要するに居丈高ということ。

ですが、今回のちょろ、笑っちゃいましたね。祝砲は線香花火にもならなかった。この際、世界中のみんなで北朝鮮にしてやろうじゃありませんか。何をって？　「どや顔」ですよ「どや顔」。

清廉潔白（平成二十四年七月号）

世の中は目まぐるしく動いていて、わたしのような者には何がなんだか分かりませんな。

一九五五年以降の日本の政治を担ってきた自民党が、あまりにだらしなくなったため、国民は、自民党に代わって現実の政治を担える政党として、民主党政権を選んだのだが、その民主党の最高実力者、小沢一郎サンが強制起訴されて、なぜか無罪になっちゃった。それをかばっている幹事長は元山梨県教組の委員長なんだって。

幹事長の名前は輿石東サン。彼は県教組の委員長をやり、県労組の議長をやったれっきとした旧社会党出身の左派サンであります。

旧社会党というのは北朝鮮労働党の友党（これって凄いですよね）で、韓国は地獄、北朝鮮は天国、日米安保反対、自衛隊反対、憲法墨守、非武装中立を唱えた政党です。拉致問題など存在しないんじゃ、とこの間まで叫んでましたし、党首はピョンヤン詣でをしていました。およそ、この世の常識とはかけ離れた摩訶不思議な政党でありました。

かねてから、憲法改正、自衛隊の国軍化、「普通の国・日本」を目指していた小沢サンは、そんな政党が野党第一党であることは日本の政治の不幸だと喝破、自民党をおん出て、自民党に代わって政権をとれる現実政党を作るべく東奔西走、苦節十七年、ついに民主党にたどりついて、ようやく政権を獲得したのでした。メデタシメデタシ。それにしても長い旅でしたね。

だが、自民党に代わる現実政党となったはずの党の幹事長は、あの夢見る少女、いやいや夢見る老爺、この世のものとは思われない非現実政策を羅列した政党出身者だったのです。

輿石サンが、社会党から民主党に鞍替えして、それまでの思想を一変、懺悔反省して頭を丸めたなんて話は聞かないから、恐らく思想はむかしのままなのだろう。

まさに日本の在り方について、相容れない考えの持ち主同士が手を組んだのです。一体、何のためでありましょう。いまもっている権力を確保するためじゃないかと思うのは、うがち過ぎだろうか。

その小沢サン、陸山会事件で二年前に不起訴になった際、「清廉潔白の身」とのたもうたそうだ。ところが一転、強制起訴になって憮然。でも、今回無罪になって嬉し恥ずかし。だが、指定弁護士のみなさんが、控訴をしたもんだから、頭から湯気を出して、記者会見も開かずにおかんむり。それを援護しているのが、山梨県教組の元委員長。みなさん、この構図、分かります？

広辞苑によると、清廉潔白とは「心が清く、私利私欲をもたないこと」だそうだが、そうかな。「清」は「滄浪《そうろう》の水清ければ以てわが纓《えい》を濯《あら》うべし」と「楚辞」にあるように、まったく汚れのない様子。「廉」は清く正しいという意味。だが、廉価というように、値段が安いという意味もある。「潔」はいさぎよいこと、心や行為を正しくすること。「白」は混じり気のないことだが、「白ける」、「虚しい」などの意味もある。

小沢さんはかつて司法試験の勉強をしたこともあるそうだが、「不起訴」「無罪」はイコール「清廉潔白」ではない。清廉潔白どころか、限りなく「黒」に近くても、不起訴、無罪はあり得る。まして、秘書三人が有罪で、今回の判決でも「やったことは犯罪だが、犯罪と認識していなかった可能性がある」などという無罪理由は、道義的には真っ黒でしょ。

法律的にはいろんな理屈が可能だろうが、一般社会からすれば、部下三人が犯罪者になって、上司が認識の問題で無罪になるのは理屈が合わない。

というわけで、これから控訴審が始まるわけですが、この旅、現実政党を求め続けた旅よりも長く続くことになるかもしれませんね。だって、北朝鮮労働党の友党出身の幹事長がエールを送っているんだから。

オコのプン（平成二十四年八月号）

「オコのプン」ということばをご存じの方は、若者ことばに精通していらっしゃるといっていいでしょう。といって、私が精通しているわけではありません。教えてもらって、たまたま知っただけのことです。

どういう意味かって？「オコ」とは怒っていることです。若者の間では「いまオコ？」「マジオコ」なんてメールのやりとりがあるそうです。「いま怒ってるの？」「本気で怒っている」ということです。

では「プン」とは何か。それは「プンプンに怒っている」ということなのだ。すなわち、「オコのプン」とは「怒っていてプンプンの状態であること。単なる「オコ」よりも、より怒っていることなのであります。ちょっと古いいい方をすると、「憤慨に堪えない」ということです。

さて、民主党というのはホントにおもしろい政党で、首相であり、党首である野田代表が、小沢という一党員に会うのに「乾坤一擲」とのたもうた。

「乾坤」というのは「乾（戌亥）」、すなわち西北と、「坤（未申）」すなわち西南のことで、転じて天下を意味します。これに宇宙と地球を意味する天地を付けると「天地乾坤」となって、あらゆるものを意味することになります。

ま、それはさておき、それを「一擲」、すなわちいっぺんに放り投げるわけです。要するに「乾坤一擲」とは天下をかけた大勝負にでるということです。韓愈の詩から出たことばだそうですね。

さらに野田さんは、「乾坤一擲」だけでは飽き足らないとみえて、「一期一会」ときた。こちらはみなさまご存じの通り、茶道のことば。人と人は一生に一回しか会わないかもしれない、それほど縁《えにし》ははかない。だからこそ一生に一度の出会いを大切にして、おもてなしをしようということらしい。いかにも日本人好み、繊細な感覚ではある。茶道の大宗匠、千利休が茶の湯の心得としたことばだそうです。

党の代表が同じ党の元代表と会って、政策について意見を交わすことの、いったいどこが「乾坤一擲」で「一期一会」なんでありましょうか。

元代表は小沢という名字の人だそうだが、小沢氏は人跡未踏の深山幽谷にでも住んでいて、そこに行くにはさまざまな妖怪や怪獣と戦わねばならず、しかもたどり着いても会えるかどうかも分からず、下手をすると生きて帰れない、ということなら、元代表と会うというのも「乾坤一擲」ということになるだろう。また、一度会ったらもう二度と会うチャンスはないということなら、「一期一会」も、ちょっとニュアンスが違うけど、まあ、使いたくなる気持ちは分かる。

でもね、今国会での消費税増税法案に賛成してちょうだい、とお願いすることのどこが、「乾坤一擲」「一期一会」なんだろうね。

野田さんにとっては、そういうことばを使いたくなるほど、小沢さんという人は恐ろしく、滅多に会えもしないし、ましてや口もきいてもらえない人ということなのかね。やっぱり気分としては妖怪、怪獣うじゃうじゃの深山幽谷の怪物なんだ。そのくせ、五月三十日の一回の会談じゃ話がつかなくて、二回目の会談もちゃっかりやっちゃった。

民主党が政権をとって間もなく三年。原発事故対応では、国会の事故調査委員会が「官邸の過剰介入」などを指摘している。普天間についても中国の尖閣体当たり船についても、鳩山君や菅君の責任を明らかにして、罰則をともなうそれなりの責任をとらせてほしい。

政権はおもちゃではない。自民党があまりにできが悪いから、ひょっとしてと思って、民主党に政権を渡したら、いじくり回したあげくに壊しちゃった。持ち主の国民としてはたまりませんわな。若者だけではありませんよ。いま国民は一億総「オコのプン」であります。

熱烈歓迎（平成二十四年九月号）

いやァ、残念でしたね。何がって上野のお山で、せっかくパンダの赤ちゃんが生まれたのに、わずか生後六日で、名前もないまま死んでしまいました。

パンダは双子が多いから、生まれる前に、「センセン」と「カクカク」がいいんじゃないか、なんて言ってた人もいたね。もっとも生まれたのは一頭だけでしたが。その一頭が亡くなって、パンダブーム再来を願っていた動物園も上野の商店街もがっかり。

父親のリーリー（力力）、母親のシンシン（真真）は昨年の二月に中国から十年の予定で、東京都が中国から借り受けたんですね。いってみりゃリースだ。二頭で年間七千九百万円だって。十年なら七億九千万円だよ。

生まれた赤ちゃんは法的には「果実」となるわけで、中国との約束では、日本で育てた後、二年後には親と引き離されて中国に引き渡されることになっていました。

中国からもらったといえば、トキもそうですな。たくさんのつがいができて、そのヒナも育って、いまや佐渡の空を、本籍中国、出生地佐渡のトキが羽ばたいている。もっともこちらはリースではないので、何羽、ヒナが生まれようと、中国に返す必要はないそうです。

日本に初めてパンダが来たのは昭和四十七年、この年に日中国交回復がなされたのを記念して、贈られたのでした。もっとも、国交回復という言い方が事実に照らして正しいかというと、どうだろう。日本は中華民国と国交をもっていたので、中華民国と国交を断絶して、中華人民共和国と国交を結んだということは、国交回復ではなく、国交樹立でしょ。

あのときの熱狂はすごかったね。「パンダさん、熱烈歓迎」でした。パンダ外交のおかげかどうか知らないが、中国人はみなまじめで、人柄が良く、日本に侵略されたのに、日本を恨まず、賠償金も請求せず。「日本は悪い。中国は偉い」と一億総中国礼賛だった。中国の悪口なんぞいおうもんなら、袋だたきにあいかねなかった。

「熱烈歓迎」は日本語にもなって、行楽地や温泉街などでも看板や幟《のぼり》になりました。でも、これ、日本語としてはおかしいですよ。「熱烈」は形容動詞ナリ活用で、「熱烈な恋愛」「熱烈に支持する」などのように「な」を付ければ連体詞的用法に、「に」を付ければ副詞的用法となります。終止形にするなら、「熱烈なり」です。「熱烈歓迎」の「歓迎」はサ変動詞「歓迎する」の語尾省略形ですから、正しくは「熱烈に歓迎」としなければ日本語にはならない。

まぁ、堅いことはこのへんにして。その赤ちゃんが死んで、中国の一部では「日本人が殺したんだ」なんて話があるらしい。どうしてそういう発想になるんだろうね、パンダの赤ちゃん殺して、何の利益があるんだろ。

そんなこといわれるんなら、パンダなんか、借りなきゃいいんだ。そもそも、日中友好をいうなら、リースはないよ。プレゼントがホントでしょ。それなのに高額のリース代取って、日中友好のシンボルもないもんだ。その挙げ句、「殺した」などといわれるなら、日本中のパンダにのしを付けて返そうじゃないか。

そういえば、「日中友好」の名の下に、ＯＤＡを隠れ蓑にした賠償金をずい分ふんだくられたよね。尖閣諸島周辺海域に地下資源があると確認されると、それまで見向きもしなかったのに、自分のものだと言い出した。そして尖閣海域での体当たり漁船。毒入り餃子も記憶に新しい。チベットや新疆や内モンゴルでは少数民族弾圧の嵐。シリアのアサド政権には武器売りまくり。

昭和四十七年時の「中国礼賛」に比べて、いまの日本人は中国を冷めた目で見てますよ。あの国はまともな国なのかって。化けの皮がはがれ、牙をむき出しにした中国、とても「熱烈歓迎」というわけにはいかないよね。

独島（平成二十四年十月号）

お隣の李明博という大統領は、どうかしちゃったんですかね。ロンドン・オリンピックの真っ最中、日韓による男子サッカーの三位決定戦と女子バレーの三位決定戦の直前に、日本政府の再三の中止要請を無視して、竹島に上陸した。日本中から非難の声があがったが、その四日後、天皇陛下の訪韓問題に触れて「訪韓したいのなら、独立運動で亡くなった人々に謝罪する必要がある」とのたもうた。

竹島上陸と謝罪発言に日本中は唖然、開いた口がふさがらなかった。天皇陛下に、韓国にお出でいただきたいといったのは、あなたですよ。それでいて、謝罪しなけりゃ来るな、とはどういう神経。支離滅裂。韓国も猛暑だそうだから、ついに来ちゃったか。

竹島上陸といい、謝罪要求発言といい、なんでそうなるのか、私のような素人には？？？。そこで、韓国通に聞くと、李さんの支持率は底をついているのだとか。経済の李で当選したものの、経済は回復せず、内政も外政もみるものがなく、何の評価もされていないんだそうな。そこで、反日の旗を振って、国民にアピールしようという魂胆なんだって。

四年前の就任当時、「成熟した韓日関係のため、日本には謝罪や反省は求めない」といったのは誰だったっけ。

竹島がもともと日本領土であることは国際的にも歴史的にも事実ですが、初代大統領の李承晩なる男が、韓国が植民地にされた腹いせかなんかしらないが、日本が戦争に負けて、占領され、何もできないときに、どさくさにまぎれて李承晩ラインなどという、国際法違反の境界線をでっち上げ、そこに竹島を組み込んでしまったのですな。その後、李承晩は失脚し、境界線は引き直されたけど、竹島は韓国側に組み込まれたままになっちゃった。

でも、歴代の韓国政府には後ろめたさがあったんだろう、漁業権に関しては、竹島を挟んで折半とし、政治家は竹島には上陸しないという不文律があった。それを破ったのはよほど、自分に自信がないということなんだろうね。

李さんの竹島上陸では、元自衛官の防衛相が「韓国の内政上の要請によるとの印象をもつ」などとピンボケ発言をした。自分の評価のことだから、内政上の事情はあるかもしれないが、それは李さんの問題であって、日本領の竹島に上陸されて、まともな意見がいえないとはどういうことか。民主党なんかの閣僚になると、元自衛官も思考が停止するんですかね。

それと日本の新聞は、必ず「竹島（韓国名・独島）」と注記する。あの「韓国名・独島」はいったい誰に向かって注記をしているんだろう。ひょっとしたら、竹島は韓国の島かもしれないと思って書いているんだろうか。あんな注記をするから、韓国が、自国領と勘違いをするんじゃないの。韓国のどの新聞に「独島（日本名・竹島）」と書いてあるのかね。日本で「独」の字が付く地名は青森県弘前市の「独狐」、秋田県大館市「比内独鈷」、栃木県日光市の「独鈷沢」の三カ所だけですよ。

これまで韓国のやりたい放題を傍観してきた日本政府は、今回は少し腹を立てたらしく、国際司法裁判所に提訴すると息巻いている。しかし、同裁判所は相手も同意しないと提訴を受け付けない。韓国としては、「竹島は日本領。警備隊は退去せよ」なんて判決が出ると困るから（その可能性は大きい）、絶対に提訴には応じないでしょう。自信がないんですよ。

ところで、野田政権も支持率はがたがた。しかも「近いうちに」総選挙を行うと約束させられたんだから、この際、李さんを見習って、支持率アップのため、国民の目を海の外にそらしてはいかが。深夜、岩国基地に行って、オスプレイに乗り込み、未明に竹島上陸を敢行、日が昇ったら、そのまま北方領土に向かうのだ。そこまでやれば、野田政権続投間違いなしと思うんだが、やっぱり無理か。

中国（平成二十四年十一月号）

尖閣諸島をめぐる問題では日中はますます険悪になっていますね。しかし、尖閣にしろ、竹島にしろ、一般の日本人の反応はきわめて冷静です。

尖閣に限らないが、中国人は対日で何か問題が起こると、反日デモをやりますね。警察と渡り合っているうちは、勝手にやってくれって感じだけど、時に日の丸に×を書いたり、焼いたり、日系企業を襲ったり、日本料理店を壊したり、日本大使館、領事館に石投げ放題。いやはや、この国の民度の低さは何かね。

「反日・愛国」を隠れ蓑にして暴れ回ることで、日ごろの鬱憤を晴らしているだけじゃないの。ひょっとして、日本なんかどうでもよくて、きっかけさえあれば、威張り腐っている政府や警察への攻撃が本来の目的ではないか、と思えちゃいますね。となると、中国における反日暴動というのは、「敵は本能寺」ということになる。だからこそ、政府は反日デモを押さえ込もうとしているのかな。

韓国もそうだよ。日の丸焼いて、天皇と書いたかぶり物をかぶせた男に土下座させたり、大使館に石を投げたり、トラックで突っ込んだり、正気の沙汰ではありませんね。児戯哀れむべし。もっとも韓国は反政府運動というより、大統領が任期切れの逮捕を免れるために率先して反日に狂奔しているという話もあるくらいだから、民度以前の問題かな。

ところで、さきほどから「中国」「韓国」と書いてきたけど、「中国」なんて国はあるんですかね。

現在、「中国」というと、香港をふくむ中華人民共和国のことを指し、中国人というと、中華人民共和国の国籍を持っている人のことを指すらしい。とすると、中国というのは国家名ということになりますな。ですが、あの地には昔から地域全体を表すことばがなかった。あえていうとそれは「シナ」だった。秦、漢、隋、唐、宋、元、明、清はみな王朝名です。「シナ」は最初の統一王朝「秦」の転訛とされ、英語の「チャイナ」のもとになった言葉です。

古来、儒教文化圏の国においては、「中国」とは自国に対する美称なんですよ。李氏朝鮮でも「中国」といえば朝鮮のことだし、ベトナムで「中国」とはベトナムのこと。日本でも「中国《なかつくに》」とは日本のことです。あるいは近畿と九州の中間にある地域の意味で「中国」地方がある。自分の国が世界の中心だというのは、どこでも当たり前の発想だったですね。

ところが、辛亥革命の後、孫文は新たな国名を付けるに際して「中華民国」とした。これは「世界の中心に咲き誇る共和国」という意味。さらに一九四九年に建国した共産国は「中華人民共和国」とした。こちらは「世界の中心に咲き誇る資本家のいない共和国」ってところかな。

いずれも国家名であって、ソビエト社会主義共和国連邦と同じレベルですよ。だけど、ソ連の人をソ連人とはいわず、ロシア人といっていたよね。だから、孔子は中国人かというと大いに疑問、彼はあくまで魯の人ですよ。

同じことは韓国にもいえて、あの地にも地域名がない。百済、高句麗、新羅、高麗、朝鮮はいずれも王朝名で地域を表していない。大韓民国というのは「立派な韓の共和国」という意味ですから、豊臣秀吉の水軍を撃退した李舜臣が韓国人かというとそうではない。朝鮮の人なんですね。

中国や韓国は国号ですから、この世には中国人、韓国人という人は存在しないということになってしまう。あえていうなら、中国人とは日本の中国地方に住む人ということかな。

となると、中華人民共和国の人が自分たちを「中国人」というのは詐称、あるいは僭称ということになりはしませんか。

ま、そこまで理屈をつけてやりこめるのも大人げないから、このへんでやめますけど、北京政権はもっと足元を見ないと、ある日、中国人からひっくり返されるよ。

応援宜しくお願いします（平成二十四年十二月号）

プロ野球はクライマックスシリーズが終わり、日本一も間もなく決まるのでありまするが、決まっていないのがこれからの政権を担う政党ですな。いつ総選挙があるのか、民主党と自民党による一騎打ちになるのか、第三極の日本維新の会が割り込むのか、だが、プロ野球ほどの関心すら持ち得ない。

そもそも二十一世紀も十年以上が経過して、いまだに十九世紀の遺物である政党政治をやっているというのがよく分からない。

議会というのは、古くイギリスにおいて、王権による人民の権利への侵害に対抗するために設けられたもので、彼らは議会で下院（衆議院）を形成し、逆に王権を守るために上院（貴族院）が設置され、バランスを保とうとしたわけですな。その下院で活動するため、政策が一致した者が集まってできたのが政党です。

明治になって、西洋の政治に範をとったため、天皇がおわしますにもかかわらず、政党政治などという無粋なことが行われちゃったんですね。でも、明治は薩長を中心とした藩閥政治だったから、藩閥打倒を叫ぶ自由民権論者らが政党を組織して、藩閥と対抗するというのは、まあ分かる。藩閥側は体制維持のために貴族院を設け、バランスをとろうしたのも、まあ分かる。

しかし、二十一世紀の現代に政党政治はいらないよ。戦後は保守と革新のせめぎ合いがあったから、政策の相違から政党政治は一定の意味をもった。もっとも安保反対、自衛隊違憲、非武装中立、ソ連万歳なんていうのは政策とはいえないけどね。あれは世の中を知らないミミズのたわごとだ。おっとミミズ君に失礼。

だけど、いまはどうですか。一部の残滓を除いて、国の政策に大きな差がありますか。自民党か民主党か、というより、むしろ個人の主義主張が優先しているようにみえるね。民主党でも靖国神社に参拝する人もいれば、自民党でも絶対行かない人もいる。だから、政党はその役割を終えている。まして参議院は無用の長物。

にもかかわらず、七百人以上の国会議員が歳費と諸経費だけはしっかりいただき、政党助成金もいただき、一等地の議員宿舎に住み、議員会館を私的な事務所とし、税金で公設秘書を雇い、高級車に乗る。でも、北朝鮮に拉致された同胞を救う努力もせず、景気をよくする努力もせず、北方領土や竹島を取り戻し、尖閣を守る努力もせず、震災復旧にも何もせず、いったい、君たち何のために存在しているの。国民の税金に巣くう寄生虫じゃないの。

しかも、世襲が多い。親と息子は当たり前。親子孫の三代も珍しくない。兄弟というのもある。夫妻というのもある。君たちはなぜ、一般社会で汗水たらして働かないの。親やじいさんの七光、十四光がないと生きていけないの。いまや国会議員は家業となり果てた。そんな連中に投票し続ける日本国民に未来はありませんですよ。

ところで、プロ野球の試合が終わってヒーローインタビューをすると、必ず最後に口にする言葉がある。それは「応援よろしくおねがいしまーす」。

これって、日本語としておかしくないですか。本来のいい方なら「応援のほどよろしくお願いします」か「応援方よろしくお願いします」だろうね。でもいまは「応援方」なんて死語となった。あえて妥協すれば「応援をよろしくお願いします」かな。「を」を取っちゃったから、文法的には何をお願いしているんだか分からない。

選挙のときだけ「応援よろしくお願いします」と絶叫されても、これまたいったい何をお願いされているのか分からない。本来なら、「あんた、当選したら、これとこれをよろしくお願いします」と言うのは有権者の方なんだけど、ひたすらお願いして、当選した暁には何もしない。財政破綻の日本、もう君たちを食わせる税金はないよ。

訓示（平成二十五年一月号）

海上自衛隊の観艦式に行ってまいりました。十月十四日のことであります。私が乗艦いたしましたのは一万四千トンの海自で最も大きな護衛艦「ひゅうが」で、横浜から出港して相模湾を回って横浜に帰港する約八時間の航海でありました。朝のうちはよかったのですが、午後からは風雨強く、波荒れて、陸上自衛隊のヘリ隊や航空自衛隊の記念飛行は中止、海自の二一航空群のみががんばって飛行して気を吐きましたね。

海は大荒れだから、お客さんであるわれわれは船室で、つまらぬことをくっちゃべっておったのですが、三年前の観艦式はもっと大荒れで、艦も大きく揺れ、こんなもんじゃなかった、飛行はすべて中止になりました、と海自幹部の方が申されておったのですよ。

すると、口さがないゲストどもは「三年前といえば、観閲官は菅直人さんだよね」「菅さんが観艦式の観閲官になったんで、わだつみ（海の神）が怒って、大しけになったんだわさ」などとのたもうておりましたら、「じゃ、今回の午前はまあまあで、午後から大荒れはどういうこと？」との疑問が出され、「それはさ、やっぱさー、菅さんよりはましだけど、野田さんもダメだ、ということなんじゃない」などと解説する人がいて、「わだつみはよく見ていらっしゃる」と一気に盛り上がったのでございます。

ところがしばらくすると、われわれのすぐ前を航行している護衛艦「くらま」にお乗り遊ばしていらっしゃる観閲官の野田佳彦首相が、自衛隊員に向かって、訓示を垂れ始めたのである。訓示はスピーカーを通じて、参加の全艦艇に流れたのであります。

その訓示のなかで、野田さんは戦前の海軍兵学校で、消灯前に毎晩、生徒が唱えたという「五省《ごせい》」を引き合いに出し、自衛隊員の覚悟を促した。

「五省」とは、

一、至誠に悖《もと》るなかりしか
一、言行に恥《は》づるなかりしか
一、気力に欠《か》くるなかりしか
一、努力に憾《うら》みなかりしか
一、不精に亘《わた》るなかりしか

の五つの反省です。最後の「しか」は過去を表す助動詞「き」の連用形「し」に、疑問を表す終助詞「か」がくっついたもので、「なかりしか」で「なかったか」という意味になりますな。戦後「欽」は「欠」にされてしまいましたが、「欠」の本来の意味は「あくび」ですよ。間の抜けた話だ。

解説しなくても意味は分かるでしょ。一日を振り返って、真面目に一所懸命やったかと、自分の胸に聞いておるわけですな。現在の海上自衛隊幹部候補生学校でも唱えられているし、米国のアナポリス海軍兵学校にも英訳文が掲げられているとか。

野田君は、こともあろうに、それを海上自衛隊員に示したのですよ。私は一瞬、耳を疑いましたね。だって、五省が必要なのは海上自衛隊ではなく、民主党政権の方だからね。

海上自衛隊は、予算を減らされ、人員を削られながら、インド洋、ソマリア沖、尖閣とミッションばかり増えて、従来の三交代を二交代にしてがんばっているのに、「努力に憾みなかりしか」はないでしょ。怒るよ。野田さんの唱える五省を聞きながら、私は民主党政権に与える五省を口ずさんでおりました。

一、言行にウソはなかりしか
一、頭はカラではなかりしか
一、政策にデタラメはなかりしか
一、閣僚にイジョウシャはなかりしか

一、約束にホゴはなかりしか
五省といったけど、五省じゃ足りないよね。百省、千省、万省してもらわにゃね。野田さんよ、五省を人に説く前に、自らを省みる内省から始めないかんのとちゃいまっか。

平和憲章（平成二十五年二月号）

総選挙が終わり、民主党が惨敗、自民党が復権を果しましたな。まずは同慶の至りです。厳正中立を本分としているコラム子としては、一方に肩入れしてはいかんのですが、それでも三年四ヵ月に及ぶ民主党の失政、いや悪政、暴政、愚政は目に余った。政権交代は国民の偽らざる選択ですよ。いや悲鳴ですよ。

民主党のイチバンの欠点は寄せ集め集団だったこと。いい人もいたにはいたが、党としての方向性が全くなかった。それに政治を知らない者が首相になっちゃったし、もともと党を私物化したり、かき回すだけが目的だった人が影響力を持ちすぎ、まともな政策が何も出てこなかった。

だって、ついこの間まで、北朝鮮を賛美していた者と、北朝鮮は許せないと言ってる者が幹事長と代表だったんだもの、めちゃくちゃだよね。

といって、国民は自民党に期待しているわけじゃないんだよ。自民党よ、そこを間違えちゃいかんよ。安倍君は一回首相をやっている。靖国神社に参拝するといってしなかったし、小沢君やマスコミにいじめられたからといって、ポンポン痛い痛いになって、政権を放り出した前科がある。本来なら敵前逃亡罪で銃殺だ。しかし、あまりにひどい民主党に助けられて政権復帰ができたんですよ。こんどまた敵前逃亡したら、二度銃殺だからね。

とまあ、選挙談義はこのへんにして、民主党の幹事長だった人たちが強力に推進していた平和運動、いや、平和運動という名の共産主義賛美運動は、いまや世間の総スカンを食って消えつつあると思っていたら、ひょんなところから、名古屋大学で堂々と生きていることが分かっちゃったんだね。

名大には「名古屋大学平和憲章」というのがあるそうだ。昭和六十二年に制定されたんだって。この憲章はひとことでいうと、軍国主義やファシズムに反対し、大学が戦争に加担したり、軍隊に協力することはしない、という宣言であります。いっとき、あちこちの自治体が、平和宣言とか、非核都市宣言などを出すことがはやったけど、そういうのは日本じゃなくて、中国や北朝鮮に言ってほしいね。

名大の平和憲章にはこうある。「われわれは、いかなる理由であれ、戦争を目的とする学問研究と教育には従わない。そのために、国の内外を問わず、軍関係機関およびこれら機関に所属する者との共同研究はおこなわず、これら機関からの研究資金を受け入れない。また軍関係機関に所属する者の教育はおこなわない」。

どうです。一読三嘆でしょう。終戦直後ならともかく、戦後も四十年以上たって採択されたとは思われない、旧態依然たる内容ですね。そもそも「戦争を目的とする学問研究」って何だ。攻められたらどう守るかを考えるのも「戦争目的」なんだろうか。だったら、攻められても、どうすりゃいいかは考えないということか。

このテの「世迷い言」は時々見かけるが、問題は、これを根拠にして自衛官の大学院入学を拒否するなどの人権侵害が公然と行われていることです。憲法学者の中には、「自衛隊は憲法違反だから、自衛官やその家族には人権はない」と言い放つ者もいるとか。この学者は、人権は天賦のものであり、憲法以前の権利であることを知らないようだ。無知。

北朝鮮はミサイル発射でいつも日本を脅すし、韓国には実際に砲撃もした。中国もいつ尖閣に上陸してくるかしれない。その対処法も研究しないなんて、学問じゃない。寝言だよ。もし、自衛隊が迎撃せず、ミサイルが先島諸島に落ちたら、名古屋大学の「平和憲章」はどう言い訳するんだろう。

文部科学省は、全国の大学がどんな人権侵害をしているかを調査し、人権侵害があったら是正させ、直らなければ予算をカットするぐらいのことをしないと、いじめの温床となる人権侵害はなくならないよ。

中国詣で（平成二十五年三月号）

旧臘の総選挙は劇的でしたな。有権者がある意味、機会主義的であり、また、したたかでもあったわけで、自民党の百十八議席から二百九十四議席への躍進もすさまじいが、民主党の二百三十議席から五十七議席への激減もすごい。率でいうと自民党は二・五倍、民主党は七十五パーセント減です。軍隊だったら玉砕だね。

でも民主党の激減よりもっとすごい党があったんだよ。それは「日本未来の党」。六十二議席から九議席へ。何と八十五パーセント減。これって、あんたの党はいらないよと有権者からいわれているのと同じとちゃうの？

この「未来」は、小沢一郎さんが、消費増税反対などを理由に、民主党を割って作った「国民の生活が第一」が、嘉田由紀子滋賀県知事の日本未来の党と一緒になって十一月末に発足した政党だけど、嘉田さんも小沢さんもピエロになってしまいましたね。それやあらぬか「成田離婚」よろしく、小沢系の八人は「生活の党」をつくって分離、残った唯一の代議士は元社民党の阿部知子さんだけで、彼女は同名の「日本未来の党」を名乗っています。

小沢さんは自分が代表にならなかったからヘソを曲げたとか、いろいろいわれたけど、聞くところによると、「生活の党」は八人で政党助成金八億六千五百万円を受け取れるんだそうな。ひとり一億円強。すべて税金ですよ。その期限に間に合わせるための成田離婚だって説があってちょっと驚き。まさか、助成金目当てで政党を作ったりつぶしたりしているとは思いたくないが、なんか後味が悪いよね。

ところで、小沢さんは資金管理団体「陸山会」の土地購入にからんで、政治資金規正法で強制起訴されたけど、二審も無罪となり、検察官役の弁護士が上告を断念したことから、無罪が確定したんだとか。めでたし、めでたし。

でも、最近、小沢さんの話を聞きませんね。選挙で惨敗して恥ずかしくて表を歩けないのかな。彼は今回も当選、現在最多の十五期、大物政治家だそうです。だったら、この非常時に国家国民の役に立ったらどうなんだろうね。

小沢さんというと、二〇〇九年に国会議員、支援者計六百人以上を連れて中国にでかけ、当時の胡錦濤総書記とツーショットの写真を撮らせたり、健康がすぐれない天皇陛下に、次期総書記といわれた習近平氏を無理矢理会わせたたりしたほど、中国とは関係が深い。自身も親中派を自負しているらしい。習さんは昨年十一月に無事に総書記になり、いまや尖閣や言論弾圧などで猛威を振るっているが、小沢さんは天皇陛下に会わせてあげたんだから、習さんには大きな貸しがあるはずだよね。

元自民党幹事長、元民主党代表、首相候補にもなった人だから、間違っても個人的な趣味や道楽で中国詣でをしたり、「天皇の政治利用」なんて非難されるようなことをしたわけじゃないでしょ。だったら、日本企業が襲撃され、日本人が傷つけられ、連日、尖閣諸島の周辺の領海領空が侵犯される、現在の最悪の日中関係を修復するべく、いまこそ乗り出さなきゃいけないんじゃないの。

そもそも何のために中国詣でをしたのか、天皇陛下を政治利用したのか、日中関係を良好に保ち、日本の主張を伝えていくためじゃないの。そのための貸しだろ。ところが、日中関係がこじれると「そんなの関係ねえ」とばかり、表舞台から姿を消してしまう。あんまりだよね。

土井たか子さんらもそうだが、何回もピョンヤン詣でをしながら、拉致問題の解決には何の役にも立ってない。むしろ妨害する。何しに通い詰めたのか。遊びかよ。

裁判もあったし、選挙もあったから、と思っていたが、これからはそんな言い訳は通じない。政党助成金も手に入れるんだから、本気で日本のために働きなよ。それが国会議員の義務だよ。分かってると思うけど、働くのは日本のためだよ。間違っても中国のためじゃないからね。

朝鮮民主主義人民共和国（平成二十五年四月号）

北朝鮮、おっと、かの国は自国を「朝鮮民主主義人民共和国」と称していましたな。彼ら自身が略すときは「共和国」といっています。その長い名前の国が、二月十二日に地下核実験を強行したんだそうな。

なんでも二〇〇六年、二〇〇九年に続き三回目だそうで、小型化、軽量化したにもかかわらず、爆発力は大きくなったと豪語している。かの国の核開発技術は格段に進歩している、と専門家は言う。

ところで、かの国の自称名はなんか変じゃないですか。

「朝鮮」はまあいいでしょう。かの地にあっては紀元前に箕氏朝鮮とか衛氏朝鮮とかいう国があったし、一三九二年には李成桂が高麗王朝を滅ぼして李氏朝鮮を建国し、一八九七年に大韓と国号を改めるまで五百年以上続いたから、問題ないでしょ。日本では朝鮮半島とか朝鮮海峡ともいうしね。

問題は次の「民主主義」「人民」「共和国」だよね。

まず「民主主義」。世界には二百近い国があるけど、最も民主主義からかけ離れているのが、かの国だ。一体、国民（かの国では公民というらしい）は選挙なんかしたことあんの。自分の意見を言うことができんの。集会、結社、職業選択、居住地選択の自由はあんの。何もないでしょ。首都に住めるのはエリートだけ。学校に行けるのも身分（かの国では成分というらしい）のいい者だけ。政権に逆らえば、逮捕なんてもんじゃない。銃殺。場合によっては迫撃砲による爆殺。すごいね。これがかの国の「民主主義」の正体ですよ。

「人民」はどうだ。人民はひたすら奴隷状態に置かれている。この一年の餓死者は数万人とか。「共和国」はどうだろう。申し上げる必要、ございませんね。お爺さま、お父さま、そしてボクちゃま。三代世襲でございますよ。「共和国」とは「帝国・王国」の対義語で、君主をもたない政体の国という意味です。三代世襲なんて立派な君主国ですよ。今回は、ボクちゃまの三代目襲名祝賀を兼ねてのお祝い核実験。レベルが向上していることはみな分かっていて、前回や前々回と違い、中華人民共和国（ここも人民とは無縁）と称している国も、強く反対していた。でもそんなの関係ねえ。昨年十二月にはミサイル発射に成功、今回はそれに積める核の実験に成功。やりたい放題だね。

世上では中国はかの国に強い影響力を持っているといわれるが、それはウソでしょ。何の影響力も持ってませんよ。持ってたら、核実験を中止させ得たでしょうね。むしろ、かの国が崩壊しないように支えるのが中国の役目なんですよ。どうしてかって？　だって、かの国が崩壊したら、飢えた人民が大量に同族の住む吉林省に入り込み、東北部の経済は崩壊、中国の経済も大打撃を受けるからですよ。だから、かの国の崩壊は何としても阻止しなければならない。崩壊しないためには、何だって惜しみなく与えますよ。それが分かっているから、中国の言うことなんか聞くもんか。もちろん世界の非難も馬耳東風。

はてさて、日本は制裁を強化することになった。その内容が、これまでかの国に渡航したら再入国を認めないとしていた人を、朝鮮総連議長ら四人に、副議長五人を追加するというもの。？？？ですね。そんな程度でいいの？

朝鮮総連に加盟している人は全員、かの国に渡ったら、そのまま「地上の楽園」にお留まり願うのがホントだろ。それと、かの国への一切の送金の禁止だろ。日本の技術や資金が渡ることは厳禁。違反したら、かの国送りぐらいしなきゃ。日本はいつまで寝ぼけているんだろうね。かつて、レバノン人女性四人がかの国に拉致されたことがあった。事実を知ったレバノン政府はあらゆる手段を使って、ついに拉致被害者全員の奪還に成功した。日本政府もレバノン政府を見習って、少しは骨のあるところを見せたらどうだい。

厚顔無恥（平成二十五年五月号）

三月のある日、見るとはなしにテレビを見ていたら、国会中継なるものをやっていました。衆議院の予算委員会で、何と民主党の岡田克也君や前原誠司君が立って、政府の政策を批判していました。

驚いたね。国会議員は厚顔無恥とは聞いていたが、君たち、よくまあ、しゃあしゃあと質問に立てるね。見ていて驚き呆れたよ。

岡田君はあの鳩山由紀夫内閣の外相だったんですよ。普天間基地は「最低でも県外」とのたもうて、やっぱり「辺野古」と言い放ち、沖縄県民から「怒」のレッドカードを突きつけられた日本開闢以来最低の男、鳩山君の内閣の外相ですよ。当然、責任の一端、いやかなりの部分は外相だった岡田君にもあるだろ。

その男が、悪運強く選挙に当選して再び衆議院議員となり、国会で質問に立っている。一体、どのツラ下げて、質問してるんだろ。自分が政策について質問したり、批判したりする資格があると思ってるんだろうか。かの鳩山君は海外で妄言を繰り返した挙げ句、普天間問題は外務省と防衛省に妨害されたと、責任を転嫁しているそうな。

岡田君がまずやるべきは、鳩山君を民主党の査問委員会にかけて、処分をすること、同時に、例えば五年間は国会議員に立候補しないといったペナルティーを自分にも科すことだ。

同じく、前原君は鳩山内閣で国土交通相でしたね。八ツ場ダムの醜態は記憶に新しいし、菅内閣では外相だったけど、就任して間もなく、献金疑惑で辞めちゃったね。その男が、これまた、自民党の政策批判だって。

野党だから、政府の政策を批判するのはある意味、当然だし、それが一党独裁を阻む民主主義のルールでもあるから、野党による政府批判は大いに結構。だけど、民主党も考えなさいよ。数ヵ月前までの〝戦犯〟を偉そうに質問に立たせることはないだろう。

代表の海江田万里君も菅内閣の経産相じゃないか。原発の責任者のひとりじゃございませんか。

こうしたメンツを見ていると、民主党は人材が枯渇しているというのがよく分かる。彼らがテレビに映ると、三年四ヵ月の失政、悪政、暴政が脳裏に甦ってきて、気分が悪くなりますよ。岡田君は野田内閣では副総理でもあったんだ。頭を丸めて、菅君と一緒に四国巡礼、いや東北巡礼に行くべきではないですか。

はっきりいうが、岡田君も前原君もスーツ着て、黒塗りの車に乗って、バッジ付けて、国会議員だなんて言ってんじゃありません。君たちは三年四ヵ月の民主党犯罪政権の共同共謀正犯なんですよ。すべてを鳩山、菅、野田の三君に押しつけて、何の責任もないような顔をして、国会で質問に立つのはおやめください。

ついでに、鳩山内閣で防衛副大臣を務め、野田内閣で財務相を務めた安住淳君について。彼は防衛副大臣のとき、自衛官の前や自衛隊の施設内では民主党政権の批判を一切してはならないという通達を出した男であります。過去、自民党政権、細川非自民党政権、村山社会党政権でもやったことのない言論の自由封殺の通達です。まさにファシズム男でありますよ。

その男がかつてNHK記者だったというのだから、NHKは言論の自由についてきちんとした記者教育をしなかったのか、あるいは、安住君が副大臣になって、仮面を脱いでファシストの本性をあらわにしたのか。そのへんのことは分からないけど、民主党政権崩壊から四ヵ月、そろそろ、民主党政権の失政、悪政、暴政の徹底検証をする時期じゃござんせんか。

民主党は国民の期待を裏切ったという自覚がおありですか。自浄能力はありますか。どちらもないなら、解党された方がいいと思いますが、いかが。

おねえ言葉（平成二十五年六月号）

きのうきょうに限った話ではありませんが、女性の言葉遣いが汚くなりましたね。彼女たちは、普通、当たり前と思っているのでしょうが、つい、数十年前の女性の話し方を知っている者としては、なんとも悲しいですね。

たとえば、「ホントにきれいだよね」「私、笑っちゃった」「何か文句あるんですか」。これが現在の普通の女性が使う言葉です。特徴的なのは「だよ言葉」が氾濫していることです。「だよ言葉」は明治後期以降、一般の民衆の間で使われ始めた言葉で、女性はもちろん、男性でも品のある人、立場のある人は使わなかった。昭和四十年ごろまでは子供はともかく、大人の女性はまず使わなかった。それがいまや「そうなんだよ」「行くんだよ」「だめだよ」などなど「だよ言葉」のオンパレード。はっきり言って、女性の使う「だよ言葉」は汚い。ではどうすればいいのか。「だ」をとればいいのですよ。

「ホントにきれいよね」「そうなのよ」「行くのよ」「だめよ」。

どうです。「だ」と取っただけで、かなり品よくなりましたね。

次なる特徴は「わ言葉」が死滅したこと。「わたくしが参りますわ」がいまは、「わたしが行きます」となった。「それとってもお似合いですわ」が「それとっても似合ってるよ」となった。上品な「わ言葉」を聞くことはもうないのだろう。寂しい。

三番目の特徴は「丁寧語」「謙譲語」を使わない、いや使えなくなったことである。「ねえ、ご飯たべない？」「一緒に行こうよ」「ここに座らない？」と話しかけてくる。「食事になさいません？」「お昼、召し上がりませんか」なんて何年も聞いてないですね。「ご一緒にいかがですか」「ご一緒に参りましょうよ」といわれれば、どこまでも行きたくなりますよね。「ここにお掛けになりません？」といわれたら、どこでも座っちゃいますね。

三十年から四十年前にはやったテレビドラマ『刑事コロンボ』に登場する女性はだれもが、まともな言葉を話している。もちろん、吹き替えだから、そのときの訳者が汚い日本語を排除したのだろう、立派なものだ。『刑事コロンボ』はいまもＮＨＫのＢＳで再放送しているが、見ていると、男女とも美しいとまではいわないが、汚い日本語は出てこない。

それよりさらに何年か前に書かれた松本清張の小説に出てくる女性言葉を紹介しよう。ほんのフレーズだけ。時代設定は昭和三十年代の前半です。「ええ、待ってるわ」「どんなに頼んでもだめよ」「何を聞いても頼りないのね」「すぐ伺いますわ」

どうです。わずか五十数年前の女性は、庶民でもこうした言葉を使っていました。

ところで、最近のテレビ、女性言葉をしゃべる男が出過ぎじゃないですか。何もオカマ、ゲイ、ニューハーフを目の敵にしようてんじゃないんですが、クイズやバラエティー番組なんか見ていると、必ず女装したり、あるいは「おねえ言葉」を話す男が登場する。かつてのそのテの男は、それなりに色気も美意識もあったと思うが、いまテレビに出てくる、そのテの男は、むくつけきおじさんたちである。これもはっきりいおう。気持ち悪い。

そのおじさんが「そうなのよ」「あらいやだ」なんてしゃべっている。その横で、女性のお笑いタレントが「笑ってんじゃねーよ」と目をむいている。それを見て視聴者はゲラゲラ笑うのだろうか。何ともすさまじい時代ですね。男女平等は当たり前だけど、それと中性化、男性の女性化、女性の男性化は別物ですよ。

美しい日本語の喪失というのは、文化の喪失でもあるんです。それは政治とかイデオロギーの問題ではなく、われわれの心のありようの問題なのでございますよ。

急の巻

藩属国（平成二十五年七月号）

いつか必ず言い出すと思っていましたが、とうとう言い出しましたね。何のことかって？「沖縄は中国のものだ」と中国が主張することですよ。

中国共産党の機関紙、人民日報や環球時報は五月某日、「（沖縄の帰属は）歴史上の懸案で、未解決の問題。改めて議論すべき時期が来た」との論文を掲載したんだそうな。

ま、僭越ながら、彼らの考えることは分かっていましたね。尖閣諸島を自分のものだ、と言い出した以上、その理由づけとして、沖縄は中国のものだ、と言わなきゃ、理屈が通らなくなりますからね。

まず、尖閣は中国のものだという理屈そのものが、国際的にも歴史的にも通らない。だって、尖閣諸島は沖縄県に属しているわけですから。それを何とかして理屈づけるには、沖縄県ごと、中国のものだと言ってしまえば、簡単に理屈づけができるわけです。ま、赤ん坊でも分かる論理ですね。

そもそも、「尖閣は中国のものだ」と彼らが言い出したのは一九七〇年代。じゃあ、どうしてそれまで黙っていたんだろうね。それはあの海域の海底に石油や天然ガス田があることが知られていなかったからでしょ。発想がドロボーネコだよね。石油やガス田があると分かった途端に、「オレのもんだ」。

だから、それを指摘されると彼らは弱い。自分の領土だと主張した歴史がなかったんだから、どの国も相手にしてくれない。そこで、実力でとっちゃえ、てんで、「漁政」とか「海監」なんて船を繰り出して領海侵犯して、嫌がらせをしてるわけさ。

でも、アメリカが「尖閣に関する境界線の変更は認めない」と言っちゃったから、今度は沖縄ごと中国のものにしてしまえば、問題は一気に解決、すべては中国のものになってメデタシメデタシ、となると考えたのが今回の論文ですな。

その論文は「(沖縄は)明、清両朝の時代は藩属国だった」「独立国だった琉球を日本が武力併合した」「したがって沖縄の地位は未定」とのたもうているとか。

「藩属国」ってなんだ。多分、「藩屏」と「属国」を足した言葉なんだろうね。要するに、自分の家来の国、という意味だろ。それでいてどうして「独立国」なんだ? 書いたのは国家のシンクタンクである中国社会科学院のエラい学者さんだそうだけど、支離滅裂だね。どうせ、政府に書けと言われて、学者の良心をかなぐり捨てて書いたんだろう。だからこそ、第三者が読んで分かるような矛盾を、多分、わざと露呈するようにしたんだろう。でなきゃ、お粗末過ぎる。

私は確信を持って、次に中国は「南鳥島は中国領土」と言い出すと思いますね。彼らはレアアースを独占して、それを日本に売り惜しみして、嫌がらせの極致をしようとしたけど、あにはからんや、南鳥島の周辺海底からレアアースが、無尽蔵に見つかったんだね。これぞ神の恵み。もう中国のいじめに屈しなくてすむというもの。

さらには日本列島の周辺海底から、シェールガスもたくさん発見された。コストの問題はあるけど、日本は、近代以降苦しんできたエネルギー問題を抜本的に解決できる可能性がでてきたわけですな。

でもそうなったら、中国は日本に圧力をかける「武器」を失ってしまう。さあ、困った。

いやいや、そんなことはない。「尖閣は中国のもの」「沖縄も中国のもの」と言い出しているのだから、南鳥島はもちろんのこと。最後に中国はこう言い出すに決まっています。

「日本は中国のものである。そもそも、後漢の光武帝は1世紀に、『漢委奴國王』と書かれた金印を、日本の国王に授けた。後漢書東夷伝によれば、当時の倭国は盛んに朝貢してきた。それが、日本が中国の藩属国である何よりの証拠だ。日本の天皇を廃して、中国政府が任命する総督が日本を統治しなければならない」てなことを言い出しかねませんね。そうなりゃ、日中問題は存在しなくなる。そうやって満洲も新疆ウイグルも内モンゴルもチベットも取っちゃったんだから油断禁物だね。

太平洋戦争（平成二十五年八月号）

かつて毎年八月十五日の新聞の一面コラムは「あの日も暑かった。ことしも終戦の日がめぐってきた」ってな感じのものが多かったですな。そして各新聞は、終戦特集を組み、あの戦争を「太平洋戦争」と何の疑いもなく書いておりました。そして、いまも書いているね。

新聞だけではない。学校の教科書には「太平洋戦争」と大まじめに書いてある。

私の手元に、河出書房新社が平成十年に出版した、米国人ジョージ・C・コーン著（鈴木主税訳）の「世界戦争事典」がある。その「太平洋戦争」の項を開くと「一八七九―一八八四。ペルー、ボリビア、チリはアタカマ砂漠の支配権を握りたがっていた。」で始まる解説が載っている。えっ、「太平洋戦争」って日本が戦った戦争じゃないの？

同砂漠は火薬の原料となる硝石の産地で、チリが採掘地を拡大しようとして、ボリビアとペルーに宣戦布告をしたんですな。双方は軍艦を出して、太平洋において海戦を行うに至った。これが世界で認知されている「太平洋戦争」なんですね。結果はチリの圧勝。

世界中、どこの国の士官学校も兵学校も「太平洋戦争」とは十九世紀末の南米における硝石戦争のことと教えております。米国もでありますよ。

では、日本が「太平洋戦争」としている戦争は、何と呼んでいるか。それは「第二次世界大戦における太平洋正面」、あるいは、「第二次世界大戦対日戦争」といっているのです。真珠湾攻撃に始まるあの戦争を「太平洋戦争」などといっているのは日本だけのようですな。

じゃあ、なぜ、日本だけが「太平洋戦争」といっているのでしょう。

昭和十六年十二月八日、日本は米国、英国に宣戦布告をし、戦争に突入、四日後に「今次対英米戦ヲ支那事変ヲモ含メ大東亜戦争ト呼称ス」と閣議決定したのです。以来、「大東亜戦争」は広義では、昭和十二年七月から終戦までの戦争、狭義では昭和十六年十二月から終戦までの戦争を指すようになりました。当時の日本人は、みなそのように理解していたんだね。

ところが、戦後、日本を占領した米軍を主力とするGHQ（連合国軍総司令部）が、昭和二十年十二月七日、すなわち米国時間の開戦四周年の日に、自分たちが作った「太平洋戦争史」を各新聞社に配布して掲載するように命令しました。さらに十五日に「神道指令」なる命令を出して「大東亜戦争」の呼称を禁止してしまったんです。GHQの命令は、当時絶対でしたからね。以後、「大東亜戦争」は姿を消してしまった。

あの戦争で、米国は太平洋でしか戦っていないよね。マレー・シンガポール作戦、インパール作戦、中国（支那）本土での戦闘、そして最後の満洲におけるソ連の侵略、いずれもあの戦争の主要な戦いですが、米国は無関係。だから、米国が戦った太平洋のみを重視して、「太平洋戦争」としたわけなんだね。サンフランシスコ平和条約が発効して、独立を回復した後も、GHQの命令をひたすら守って、いまだに「太平洋戦争」といっているわけ。

だけど考えてみれば、あの戦争で亡くなった方たちは、何という戦争で亡くなったんだろうか。「大東亜戦争」で亡くなったんですよ。それを戦争が終わってから、勝手に名称を変えてはいかんよ。それは戦死者への冒瀆だよ。太平洋以外で戦った、支那や英国、オランダの軍隊に対しても失礼かもしれないよ。まあ、火事場ドロボーのソ連はどうでもいいけど。

昭和十六年の閣議決定は、いまだに取り消されておりません。日本国憲法成立前に制定された法律、条例、政令、省令、勅令、閣議決定などは、日本国憲法と矛盾しない限り有効とされています。したがって、閣僚はもちろん、すべての公務員は、すべからく「大東亜戦争」というべし。

参議院（平成二十五年九月号）

間もなく、夏の甲子園ですね。いつも思うのですが、春にしろ、夏にしろ、高校野球では国旗日の丸が掲揚されて、国歌君が代が歌われる。球場アナウンスでは、選手や役員には起立、脱帽を命じ、観客にも「脱帽のうえ、ご起立下さい」と呼びかける。まっ、当たり前だけどね。ところが、春も夏も、高校野球を主催している新聞社は、国旗日の丸にも、国歌君が代にも反対をしているような論調が多い。「強制はいけない」とか「不起立の教職員処分は問題だ」とかね。それはそれで、その社の主張だから、ここでは突っ込んで論じない。だけど、新聞論調では、国旗や国歌に敬意を表することに反対し、起立強要や不起立への処分を問題にしているにもかかわらず、どうして高校野球になると、起立を要求するんだろうね。

そこが、わたくしのような者にはさっぱり分からない。

まさか、「あれはすべて高野連の決定で、われわれは苦々しく思っているのです」なんて言い訳、しないでよ。ある高野連幹部は、「お金を出してくれる新聞社は絶対だ。逆らえない」っていってたよ。

要するに、国旗も国歌も自分たちの都合で、その場その場の対応しかしてないってことかな。情けないねえ。

まあ、茶髪もピアスもいない高校球児の熱戦を見るのは楽しいから、これ以上の嫌味は控えるか。だけど、主催の新聞社さんよ、言論機関というならば、筋は通しなさいよ。筋はね。

ところで、参議院選挙が終わりましたね。予想通り、自民・公明大勝で、めでたくねじれ現象は解消だけど、これまた、わたくしのような者にはさっぱり分からないことがある。

それは、参議院は何のためにあるのか、ということです。

国会というのは本来、英国などにおいて、国王に対して自分たちの権利を主張する民衆の代表が、国王や貴族の権利を制限するために設けられたもの。民衆は下院（衆議院）を構成して、国王や貴族の横暴と対決したんだね。これに対して、国王や貴族の権利についても、それを代弁する機関が必要だということで、下院の暴走を抑止するために上院（貴族院）が設けられたんだ。

明治期に、国会を開設するに当たり、英国に範をとって、衆議院と貴族院の二院制にしたのはそれが理由だよね。

だけど、考えてご覧。日本以外の君主国の皇帝や国王は、民衆と対立し、ときに処刑され、追放され、あるいは幽閉されるなどの歴史をもつ。だけど、日本の天皇は国民と対立した歴史がないんだよね。古いことばでいえば「君臣相和」。天皇は常に国家の平和と国民の繁栄を祈ってきた。国民の権利を制限するとか、抑圧するという西洋型の君主とは無縁なんですよ。だから、明治期の国会開設に際して、貴族院の設置は意味がなかった。ただ単に英国のマネをしただけだね。要するに、二院制の導入が間違いだったんだ。

ところが、大東亜戦争が終わって、華族制度が廃止されたことから、「貴族院」をどうするか、みな頭を痛めた。そこで考えられたのが、「良識の府」と称して、「貴族院」を「参議院」に名前を変え、議員を大選挙区からも選出することにしたんだ。

だけど、衆議院と参議院の差が全く分からない。

昨年十二月の衆議院選挙で落選した元衆議院議員のうち、なんと二十五人もが、今回の参議院選に立候補してるんだって。彼らとしては、国会議員の選挙であれば何でもいいんで、衆議院も参議院も関係ない。まさにそれこそが、参議院の本来の姿を象徴していますね。要するに差別化されてないんですよ。

だけど、二院制のために、ねじれ現象が起こり得る。そのリスクを考えれば、韓国のような一院制で十分じゃないの。その分、歳費という名の税金の節約にもなるしね。

反戦平和（平成二十五年十月号）

ことしの夏も暑かったですね。最高気温といい、猛暑日の日数といい、このところ異常な夏が続きますね。と思うと「経験のない大雨」とか、新しい注意報もあって、とにかく異常な天候に振り回されました。

振り回されたといえば、中国、韓国、北朝鮮にも振り回されていますね。気象が変化しているから、というわけでもなかろうが、日本を取り巻く安全保障環境もかなり変化していますよ。

かつて米ソ冷戦時代、日本の左翼勢力は「安保反対」「反戦平和」「核兵器反対、核実験反対」を唱えていれば、平和主義者の振りができたよね。あの時代こそ、まさに左翼諸君の安泰期でありました。

なぜなら、そのような世迷い言をいくら並べても、世間から大して非難もされず、政権をとる意思も能力もなかったから、言いっぱなしで済んだからね。でも、冷戦構造が崩壊して、安全保障環境が大幅に変化すると、世迷い言では平和と安全は確保できないことがはっきりしたんだね。

左翼の諸君が大好きだった中国は尖閣列島を脅かし、軍艦五隻が日本列島を一周、哨戒機が沖縄と宮古島の間を通過、南シナ海のスプラトリー諸島を占領したりと、露骨な覇権主義、侵略主義の態度を示している。左翼の諸君は分かっているかどうか知らないが、中国はれっきとした核保有国であり、侵略国家なんだよ。

北朝鮮も無視できない。核実験はするわ、ミサイルは撃つわ、日本の都市名を名指しして攻撃対象にするなど、完全に平和破壊好戦国家として、われわれに対峙している。こんなことは、冷戦時代はあり得なかった。でも現実なんですよ。となれば、冷戦時代と同じ対応では日本の領土、領海、領空、日本人の生命、身体、財産を守れないのは小学生でも分かるだろ。

米国の核の傘の下にいたときは、日本は核をもたなくとも、安全を確保できたけど、北朝鮮のような理性も常識も通用しない国に、どのように対処すれば平和と安全を確保できるかを、真剣に考えるべきだよ。

にもかかわらず、八月九日の長崎市長みたいに、「政府は被爆国の原点に立ち返って、核廃絶を」と訴えるのは、無責任なスローガン主義に他ならないよね。

むかしから不思議だったんだけど、唯一の被爆国だと、どうして非核宣言をしなきゃならんのかね。唯一でなかったら、宣言しなくてもいいのかね。大東亜戦争中は日本も仁科博士らが核兵器を開発中で、米国より先に開発に成功したら、米国に落とす予定だったよね。

ま、それはともかく、市長さんは、日本政府に「非核宣言を」などという前に、中国、北朝鮮という、わが国に直接的な脅威を与えている核保有国に、核廃絶をいうべきだろ。日本のような安全地帯で叫んでないで、北京や平壌に行って、「反核」を叫び、彼らが核廃絶をするまで、ハンストでもやったらどうだ。

ああいう理性も常識もない国が核をもって日本を脅しているときに、日本が非核、反戦平和をお題目のように唱えて、自分の手足を縛ることは、日本の安全上、きわめて危険なことなんだ。だって、日本は何も反撃しませんと、攻撃される前から宣言していることになるんだから。戦後の日本の学校は安全保障に関する教育をしてこなかった。だからかどうか知らないが、いい大人が、お題目さえ唱えていれば平和が来ると思っている。おめでたいにもほどがある。軍隊は強いほど、国民意識は高いほど、侵略されにくいというのは常識だよ。二度と核による攻撃を受けないためにも、二度と被爆者を生まないためにも、日本が平和を維持していくためにも、核兵器を所有することの当否を、情緒論ではなく、政治政策として議論することが必要だよね。

ありがとうございます（平成二十五年十一月号）

二〇二〇年のオリンピック・パラリンピックの開催地が東京に決まりましたね。まずはめでたいことです。東京に決まったことで、各テレビ局は多くの人にインタビューをしてましたね。まず、アスリート。このアスリートってことばもよく分かんないが、要するに運動選手ってことかな。

「みんなが協力した結果だと思うので…」

この「思うので」って、最近やたら使いますね。野球選手なんかも「自分ががんばらなきゃ、いけないと思うので」とか、「いま、チームの状態がいいと思うので」とかね。

いつから流行し始めたか知らんが、聞きづらい。「思う」のは勝手だが、こういう個性のない言い方が伝播するのはよくないことですよ。

「みんなが協力した結果ですから」「いま、チームの状態がいいので」といえばいいのです。一般の応援の人。

「東京で開催することで、元気をもらえる」「世界の人に元気をあげれる」

この「元気をもらう、あげる」もやたら増えましたね。確かに他人ががんばっている姿を見て「元気になる」ことはあるよね。だけど、本来、元気はあげたり、もらったりするもんじゃないよ。贈答品じゃあるまいし。元気は自分で作り出すもんだよ。

どこぞの商店街では、くす玉が割られ、女の子にインタビュー。小学校低学年とおぼしきその子は「嬉しかった」。そりゃ、東京でオリンピックが見られるから嬉しいだろうが、通りいっぺんですな。ま、小学校低学年じゃむりか。

GWや夏休みが終わったりすると、混雑する駅頭でインタビューが行われる。マイクを向けられた子供たちは一様に「楽しかった」。これって、何とかのひとつ覚えじゃないの。子供たちのボキャブラリーが貧困なのか、インタビュアーのマンネリなのか、感情の感じられない顔で「楽しかった」と言われると、どこかの世襲将軍の国の「この国は天国です」と同音に聞こえてしまう。

「～したらいいなと思う」という発言もよく聞くよね。「みんなが喜んでくれたらいいな、と思う」とか「笑顔になってもらえればいいな、と思う」とかね。「みなさんに喜んでいただきたい」、あるいは「みなさんの笑顔が見たい」と素直に言えばいいじゃないの。なんで「いいなと思う」をつけるのか。断定を極端に嫌う精神構造が垣間見えますね。もっと自信もちなさいよ。

「ありがとうございます」も乱発されている、というか、「ありがとうございます」しかなくなった。「ありがとう」は「有り難いこと」で本来、滅多にない、という意味。感謝を伝えるには「お手数をかけました」「おせわさまでした」「いたみいります」「恐縮です」「感謝の外ありません」「かたじけない」などさまざまな言い方がある。でも、みなひっくるめて「ありがとうございます」となった。

いまや店頭で、客が金を払いながら「ありがとうございます」。それを受けて店の人も「ありがとうございます」。ちっとも「有り難い」ことではないじゃないか。

「お手数をおかけしました」「恐れ入ります」なんて会話はもう聞かれないのかね。

なぜ、こうなるのかというと、自分のことばをもたないからですよ。ではなぜ、自分のことばをもたないか、というと、自分の頭で考えず、集団の前で、話をする訓練をしていないからですよ。だから、人々は、いい年をしたおじさん、おばさんまで、テレビで見たように、「元気をもらえるとうれしいと思うので、ありがとうございます」なんて、平気で使うんですよ。みなさま、オリンピックで世界から人が来ます。どこを切っても金太郎飴ではなく、自分のことばで語る努力をしましょうよ。

ザップ将軍（平成二十五年十二月号）

ベトナムのボー・グエンザップ将軍が亡くなりましたね。百二歳だったんですよ。一九一一年生まれというから、日本でいえば明治生まれですな。

ベトナム共産党のホー・チミン主席の片腕で、第二次世界大戦後、人民軍最高司令官になり、フランスの植民地支配を打ち破るべく、ディエンビエンフーのフランス軍の要塞を陥落させ、独立を勝ち取るきっかけとなりましたな。

フランスの植民地支配というのは、阿漕《あこぎ》でね。元フランス領の多くは独立後、内戦に見舞われた。コンゴもナイジェリアもベトナムもラオスも。カンボジアに至っては内戦に次ぐ内戦で、とうとう大虐殺事件まで起きた。フランス支配は苛斂誅求《かれんちゅうきゅう》、搾取と弾圧の嵐だったようですな。

ボー・グエンザップ将軍はベトナム戦争でも散々、アメリカを悩まして、ついにはアメリカを追い出してしまった。すごい将軍ですよ。こういう人をホントの将軍というんだよ。聞いとるかね、金正恩君。

ところで、日本の多くの新聞が死亡記事の見出しに「ザップ将軍」と書いていた。ベトナムでは名字が少ないため、三番目の音で個人を表すことがあるから、間違いとはいえないが、正式にはおかしい。

かつてのベトナム人の名前は、日本や韓国のように、みな漢字で書けるんだ。

ことしは日越国交四十周年だそうで、先般、民放でやっていたベトナム独立の志士、ファン・ボイチャウは「潘佩珠」。「潘」が名字で、「佩珠」が名前だ。ホー・チミンは「胡志明」。もちろん、「胡」が名字で「志明」が名前だ。だから、彼は「ホーおじさん」と呼ばれた。だれも「ミンおじさん」なんていわなかった。

ベトナムはむかし、グエン王朝やレ王朝があったけど、これも王家の名字で、グエンは「阮」、レは「黎」ですよ。ベトナム戦争期の南ベトナムのゴ・ジンジェム独裁政権は「ゴ政権」といわれたが、漢字なら「呉廷琰政権」。「呉」は日本語と読みが同じだね。

ボー・グエンザップは「武元甲」と漢字で書くんだ。だから彼は「武」が名字で「元甲」が名前。それを「ザップ将軍」とはどういうことか。習近平《シーチンピン》主席を「ピン主席」、朴槿恵《パククネ》大統領を「ネ大統領」、安倍晋三首相を「ゾウ首相」といいますか。

南ベトナム時代の「グエン・カオキ政権」「グエン・バンチュウ政権」も「阮高祺政権」「阮文紹政権」と書くんですね。だから、「ザップ将軍」ではなく、「ボー将軍」が正しいのです。

ちなみに「武」は日本の漢音で「ｂｕ」、ベトナム音で「ｂｏｏ」、「元」は日本漢音の旧カナで「ｇ

uwan」、「甲」は日本の漢音の旧カナで「kaf」、ベトナム音で「zap」。旧カナの「f」はベトナムの「p」に百パーセント対応するんですね。

ついでにいうと、ベトナムの首都ハノイは「河北」、サイゴンは「西貢」。ベトナム語の語彙の六、七割は漢字語だそうですよ。

第三音で個人を識別するのもさることながら、アメリカが、ベトナム人の名前を、英語式にファミリーネームは最後に来ると思い込んで、「ボー・グエンザップ」の「ザップ」を名字だとしてしまったことも、こうした間違いを助長した。日本は、それをそのまま右へならえしてしまった。アメリカ人は何でも、自分流に解釈しちゃう悪癖があるけど、これもそうだ。アメリカ人が間違えていたら、直してあげるのが、同盟国、日本の役割だと思うけど、アメリカの間違いをそのまま受け入れてしまった。ベトナム同様、名字が前に付くアジア人として、アメリカに間違いを教えてあげればいいのに、こんなところまで対米追従とはね。

チャイナが反日に狂奔し、韓国が対日無法国家化しているとき、日本は東南アジアの国々ともっと緊密に、きめ細かい付き合いをしていくことが大事だと思うよ。

虚偽表示（平成二十六年一月号）

雨後のタケノコというか、これでもかこれでもかというぐらい出ますね。ホテルやデパートのレストランのメニューの虚偽表示ですよ。

でも、ちょっと驚いたのが、端緒はともかく、明らかになったほとんどの虚偽表示が、ホテルやデパートの自主的調査・申告に基づくということ。すなわち、一部のレストランの虚偽表示が明るみになったことで、それこそ日本中のホテルやデパートが「うちのレストランはダイジョブかいな」とばかりに調べまくった結果、次から次へと虚偽表示が見つかり、ただちに自ら記者会見して、その中身を公表し、担当者が「申しわけありませんでした」と深々と頭を下げている、ということです。

なんとまあ、日本人は正直な民族ではないでしょうか。いやいや、あれだけ虚偽表示をしまくったのだから、やはりウソつき民族ということになるんでしょうか。

ここまでくると、記者会見を開いて虚偽表示があったことを認めるのは、一流レストランであることの証しのような気がしてくるね。まず、虚偽表示をするということは、本来、いい食材を提供している一流レストランであるということが前提。

街角の中華料理店は芝エビや車エビは使わないよね。バナメイエビがいいとこでしょ。客はリーズナブルなお金を払って、バナメイエビを「おいしい、おいしい」と食べているわけで、そこには虚偽表示なんて関係ない。実に庶民的で美しい光景だよね。

だから、一流でなければ、虚偽表示が成立しないわけで、「虚偽表示しました。もうしません」と頭を下げるのは、「うちは一流レストランです。今後、提供する食材にウソ偽りはなく、最高の料理です」と宣伝しているようなものだ。

これだけ、虚偽表示があふれ出ると、もはや虚偽表示をしていない高級レストランはない、ということになる。すなわち、高級食材を出している高級レストランは、どこもかしこも虚偽表示をしているわけで、それは業界の常識であったということでしょうか。

虚偽表示はいけないことだから、ホテルやデパートの責任は免れないだろうが、それよりも問題なのは、食べても気がつかなかったお客さんですよ。

だけど、考えてもみてよ。舌のこえた食通の、よほどの人じゃないかぎり、芝エビとバナメイエビの区別なんてつくんかね。そもそもバナメイエビって名前、今回、初めて知った。大正エビとブラックタイガー、見りゃ分かるけど、食って分かるの？　ヨーロッパ産のクリと中国産のクリ、宮城産のホヤと北海道産のホヤ、宮崎県産のブタと岩手県産のブタ、ムラサキイカの天ぷらとアメリカオオアカイカの天ぷら、解凍魚と鮮魚、阿波牛と鹿児島産牛。

こうして並べてみると、見た目も味も何がどうちがうかなんて、普通の人には分かりません。今回の事件、消費者庁と一部の消費者団体とマスコミが騒いでいるだけ。それは当然だけど、大枚はたいて、だまされて食べたお客が、あまりに気の毒、という気になれないね。

芝エビとバナメイエビの味の違いを知らない者が、バナメイエビを食べさせられたといって怒っても始まらない。そうした客の無知につけ込んだとしたら、とんでもないが、味の違いが分からなければ、怒りようがない。

というよりも、お客さんは一流レストランで食事をしたことに満足をしているので、芝エビは二の次、三の次なんじゃないの。

それでもどうにも我慢ならん、という人がいたら、二度と一流レストランで食事をしなけりゃいいんですよ。いまの日本は飽食に過ぎる。世界の人口の三分の一は飢えているのに、芝エビで騒いじゃ、申し訳ない。

戦争中の標語を思いだそう。「ぜいたくは敵だ」。もっとも、庶民は「素」の一字を足して「ぜいたくは素敵だ」と書き直しちゃったけどね。

自重と譲歩（平成二十六年二月号）

昨秋、十二年ぶりに韓国に行ってまいりました。何しに行ったのかって？　特段、何の用があったわけではありません。が、日韓関係はいま、最悪だよね。日中関係も最悪だけど、北朝鮮という、とんでもない国を隣に抱え、国内には従北派と呼ばれる北朝鮮を讃美する、これまたとんでもないヤカラがのさばっていて、こんなときに日本に対して、はちゃめちゃな対応が得策でないことは、素人でも分かる。なのに、朴槿恵大統領は、歴史認識ばかり言い立てて、首脳会談すらしようとしない。どうしちゃったんだろう？　韓国人は国を挙げて発狂してしまったんだろうか。そこでその真実を確かめに出かけたのです。

私はかつて韓国語を学び、韓国人の友人もたくさんいるし、彼らと忌憚のない議論をしてきて、これまでの韓国の日本に対する、いやがらせやいわれのない攻撃は、実は日本に対する〝甘え〟の表れだと思ってた。しかし、〝甘え〟にしては度が過ぎてるよね。

「韓国に行く」というと友人たちは「韓国に行くなんて気でも狂ったか」「日本人と分かったらひどい目にあうぞ」などとみな嫌な顔をしました。でも、発狂状態といっても、一般の人々は普通に暮らしているはずだし、私は「韓国人は日本人が好き」と思っているから、「ひどい目にあうなんてあり得ない」との確信がありました。

まず、驚いたのは、仁川空港からソウル駅までの鉄道の車内アナウンスに日本語が流れたこと。ソウル一の繁華街、明洞の街には日本語の看板があふれ、食堂には日本語のメニューがあり、ホテルはどこも日本語が通じ、街角には日本語のボランティアまでいることです。

私が初めて韓国を訪れた三十年以上前は、街で日本語を話すと「日本語を話すな」と日本語で怒鳴られたり、飲食店に入ると「日本人に売る酒はない」と言われ、タクシーにも「日本人お断り」のステッカーが日本語で書いてありました。まさに差別だよね。

差別というと、私の見たところ、韓国人ほど差別の好きな民族はない。

彼らは何かというと、「在日韓国人は日本で差別されている」というけど、その在日韓国人が韓国に行くと、「お前ら税金払ってんのか」「兵役の義務を果たしてんのか」「下手な韓国語話すな」などといじめるそうで、在日韓国人の友人の中には「二度と母国に行きたくない」と泣いている者もいた。

韓国内でも慶尚道による全羅道差別、陸地（半島）による済州島差別、さらには祖先の出自や身分、家系の本家、分家による差別など、ありとあらゆるものが差別の対象でありますよ。

さて、ソウルは別に発狂していませんでした。だけど、ひとつ気になったのが、誰もが歴史問題を議論したがったこと。そこで、いろいろ反論して、「もっと勉強したら」とたしなめると、結構、おとなしく引き下がる。また、「韓国は結局、中国につくの、それとも日米につくの」と聞くと、バツの悪そうな笑顔になって、「やっぱり、日米だろうね」という。やっぱり、甘えなんだな。

朴大統領は日本の陸軍士官学校に留学経験のある旧満洲国軍軍人の娘ということで、そのトラウマを払拭するために、ことさら反日を言い立てて、引っ込みがつかなくなっちゃったんじゃないのかね。

でも、ここまで韓国を非常識にしたのは、日本の歴代政権だよ。駄々っ子を甘やかして、しなくてもいい自重やや譲歩を繰り返してきたからだろう。

ちょっと譲歩したら、おとなしくなるだろうと譲歩を繰り返したことが、駄々っ子のモンスターを生んだんだよ。天皇陛下をはじめ、これまで何人もの首相が謝罪を繰り返し、そのつど、韓国の大統領は、これからは未来志向で、などといってきたことか。

でも分かったでしょ。これからは自重も譲歩もやめなさい。まずは首相以下、靖国神社に参拝し、竹島の上に防空識別圏を設定し、日韓併合が韓国の近代化にいかに寄与したかを述べて、彼らの甘えを断ち切ることだ。韓国のためにも、そこまでやらないとね。

A級戦犯（平成二十六年三月号）

旧臘、安倍首相が靖国神社を参拝したことについて、案の定、中国や韓国が騒いでますね。日本の一部マスコミや評論家は、「それみたことか」といってますけど、中国と韓国とでは、参拝反対の意味が違うと思いますね。

中国は、日本の首相が靖国神社に参拝しようがしまいが、何の痛痒も感じない。しかし、日本国内に反対派がいる。そこがつけ目でしょう。被害者ヅラをしながら、日本の反対派を援護射撃することで、政権を揺さぶることができる。要するに、外交のカードですよ。そんなものにまともに付き合う必要はないんじゃない。

韓国は靖国神社に朝鮮出身の将兵が祀られていることが気に障るんでしょうね。なにしろ、特攻隊で戦死した朝鮮出身の将兵に対しても、「売国奴」と呼ばわる心の冷たい、ホントに冷たい国です。彼らのなかには朝鮮の人々が差別されないことを祈って、あるいは将来、独立することを夢見て、散華した人もいるのに、「売国奴」として、いまだに遺族をふくめて罵っている。「差別大好き、韓国人」ならではの冷たい仕打ちだよね。

そういう人たちが祀られていることは、韓国がかつて日本の一部であった記憶を呼び覚ますんで、参拝反対なんだろうね。

しかし、それ以上に今回、失望したのは、アメリカに対してですね。在日アメリカ大使館と国務省は、首相の参拝に「失望した」とのたもうた。私はやっぱりとは思ったけどね。「失望した」と言ったアメリカに心底失望した。

アメリカの失望の理由は、首相の靖国参拝が、日中、日韓の緊張を増す、というものらしいけど、緊張を増しているのはどっちかね。露骨に尖閣をうかがったり、反日暴動を起こしたり、竹島に大統領が上陸したり、日本大使館の前に慰安婦像を建てたり、さらには告げ口外交の日々。どっちが緊張をあおっているかは一目瞭然。アメリカは一体、何を見ているのか。ケネディ大使の目は節穴のようだ。でも、そこはしたたかなアメリカ。実はそうではないんですよ。

戦争に負けた日本を裁いた東京裁判。裁判を行ったのは連合国軍総司令部、すなわちGHQだけど、実態はアメリカだよね。そのアメリカがA級戦犯に指名して、処刑した日本の当時の指導者を、日本は昭和五十三年に靖国神社に合祀した。日本の国は死ねばみな罪はなくなり平等となる。東京裁判という、勝者による報復目的の非人道的な違法裁判を受け入れないのは当然のことだ。

日本はサンフランシスコ講和条約で、東京裁判の判決結果は受け入れたけど、事実認定や判決理由までは受け入れていない。要するにでっち上げ裁判の結果、処刑された人々は、戦犯でも何でもないんですよ。報復殺人の犠牲者ですよ。

　国会は昭和二十八年八月、「戦争犯罪による受刑者の赦免に関する決議」を圧倒的多数で可決し、彼らの名誉を回復している。対象は当時、下獄していた人はもちろん、すでに処刑された人の名誉もふくまれている。そもそも戦犯の存在そのものが、国内法の適用外であり、東京裁判そのものの法的根拠がない。第一、一審しかないこと自体が違法でしょ。暗黒裁判、魔女狩り裁判といわれても反論できない。

　だけど、アメリカからすると、自分たちが行った戦争裁判を否定されるような参拝はやっぱり困るんだろうね。そこで、中国や韓国の尻馬に乗ったんだろう。

　でも、日本人は知っているよ。大東亜戦争における戦争犯罪のトップはアメリカによる原子爆弾であり、焼夷弾による非戦闘員の大量虐殺であることを。女性もこどもも老人も。その数は百万人を超えますよ。

　本当のA級戦犯はトルーマンであり、マッカーサーであり、ニミッツであり、カーチス・ルメイなんだよ。それが分かっているから、A級戦犯とされた人が祀られている靖国神社参拝に、首相が参拝するのに、アメリカはいい顔をしないんじゃないの。そこを見誤ってはいかんよね。

二月入試（平成二十六年四月号）

ことしの受験も峠を越したようですね。中学、高校、大学とレベルは異なるが、受験生のみなさん、本当にご苦労様です。結果はどうあれ、一所懸命やったことは、これからの人生の大きな糧となることは間違いないですよ。自信をもって新しい道を歩んでください。

それにしてもことしはインフルエンザが猛威をふるいましたね。予防接種をしたかもしれないけど、流行が予想されたA香港型やB型に加え、H1N1型という強力な新型ウイルスが猛り狂ったらしいね。おまけにノロウイルスまでもがはやった。

というわけで、予防接種をするわけだが、予防接種は各型を混合しているから、絶対安心ではないらしい。受けていれば、罹患する可能性が低くなり、罹患しても軽度で済むというに過ぎない。

でもね、何型であろうと、毎年、このシーズンはインフルエンザが流行するんですよ。そして少なからぬ受験生がインフルエンザにかかって、それまでの受験勉強の成果を発揮できずに終わってしまうんですよ。一所懸命、勉強してきたのに、受験直前にインフルエンザにかかって、第一志望校を受験できなかった受験生の口惜しさは想像に余りある。泣いても泣ききれないよね。これは毎年のことですよ。

にもかかわらず、この国では二月受験をやめようとしない。インフルエンザだけじゃないよ。

雪国では毎年必ず、雪のために交通機関が乱れて、試験時間をずらしたり、別途受験を余儀なくされたりする受験生がいる。統一センター試験は全国一律だから、雪のあるなしで、大きな不公平が発生するわけだね。なんで豪雪地帯の自治体は声をあげないの。唯々諾々、文部科学省のいいなりかね。

それでも文科省は二月受験をやめようとしない。一体なぜなんだろう。

それは四月に新学期を迎えるためには一～三月に受験させるしかないと考えているからなんだろうね。何という頭の固さ。頑迷固陋、前例墨守。「風邪ひくヤツが悪い」ぐらいにしか考えてないいんだろ。

じゃあ、なぜ、四月が新学期なのか。それは国家や自治体の会計年度が四月から始まるからですよ、要するに会計年度に合わせて学校を運営しているから、二月受験になるんだよ。サクラが咲くときに入学式をやるためじゃないんですよ。

日本はむかしは四月新学期ではなかったんです。明治中期までは大学は九月、小学校は一月が新学期だった。四月が新学期になったのは明治中期以降なんだってさ。

軍の学校では大正九年までは新学期は九月で、九月生まれから翌年の八月生まれまでが同級生。だから、八月末生まれまでが早生まれだったんだって。六月ごろに受験をして、七、八月は夏休み、九月から新学期だったんだ。そう、欧米と同じだよね。

そういえば、一昨年、東大が九月入学を打ちだしたよね。あれは欧米へ留学しやすくするためと、欧米から留学生が来やすくするためだとか。だったら、日本の学校のすべてが九月入学にすれば、問題は解決するんじゃないの。

それにしても文科省というのは、ホントに面白いお役所ですね。ゆとり教育をやって失敗して、今度は詰め込みにもどったり、高校で日本史を必修から外して、日本史を勉強しなくても一流大学に入れるような道をつくったり。

世界に国がいくつあるか知らないけど、自国の歴史を学ばないエリートなんていないよ。歴史を知らなければ、未来は分からないだろ。だから歴史を勉強するんですよ。自分の国の歴史を学んでないから、外国に行って、日本の過去の悪口をいわれて、何も反論できずに情けない思いをする若者がたくさんいるらしい。こうしている間にも、文科省は取り返しのつかない悪政を続けているんだ。

新学期は九月にして試験は六月に変更、教育のカリキュラムは都道府県に権限を委譲して、文科省は、生涯教育や文化財保護にでも専念したらどうかね。

東海（平成二十六年五月号）

韓国の暴走が止りませんね。国内だけでなく、アメリカの各地に慰安婦像を設置したり、中国にすり寄って、伊藤博文を暗殺した安重根の記念館を建てたり、大統領や外相が世界中で日本の悪口三昧の、言いつけ外交を繰り広げていたり。

韓国は安倍政権を「右傾化への暴走」というが、韓国こそが反日の暴走、いや狂奔で、安倍内閣の歩みなど、私から見れば遅々たるものですよ。歴史認識では靖国神社と慰安婦が、現在、彼らの掲げる反日の二大シンボルだが、地理的な二大シンボルは竹島と日本海でしょうな。

竹島は武力で侵略し、実効支配しているけど、日本海については「東海」と呼称しろ、とアメリカはじめ、世界に働きかけている。さて、なぜ東海かというと、朝鮮半島の東にあるからなんだと。

ご承知の通り、朝鮮半島は東の日本海と西の黄海に挟まれて、大陸にぶら下がっている。だから、世界の中心であると思っている韓国からすれば、東側が東海で、西側が西海となるのは、理の当然というわけ。だって、朝鮮半島は世界の中心であり、大韓民国は世界に冠たる大国家であると信じているからね。

でも、この発想って、どこかで聞いたことない？　そうです。北朝鮮のいつもの発想です。金日成は世界に冠たる百戦百勝の偉大な将軍様で、「朝鮮民主主義人民共和国」はこの世の楽園、という、ほら、あれですよ。ま、いってみれば夜郎自大、誇大妄想。「こうであってほしかった」という歴史妄想が、「こうであった」という歴史的事実にすり替わってしまう民族なんだよね。

そういえば、北朝鮮の教科書には、金日成が日本軍を打ち破って、日本は大東亜戦争に負けたことになっているらしいよ。韓国の教科書も韓国人の絶え間ない反日行動が日本を敗戦に追い込んだ、と書いてあるそうな。事実無根の教科書だよね。

東海にもどると、韓国としては自国に接している海が「日本海」などと「日本」の名前が入っていること自体が不愉快なんだろうね。「日本海の波が朝鮮半島に打ち寄せている」と考えただけで、あの日本統治時代が甦る、といった被害妄想に襲われるのかね。そのトラウマ、なんとも気の毒です。一度、ジュネーブかハーグでカウンセリングを受けたらいいかもね。

そんなわけで、アメリカの一部の地理の教科書に「日本海」に加えて「東海」を併記させることに成功した。一体、いくら使ったか知れないけど、アメリカには、極東の海の名前なんかどうでもいい、何かいただけるなら、何でも賛成する、という議員もいるのかも。彼らからみれば実害ないからね。

「日本海」という名称だから、日本の海というわけではないけど、この熱の入れようは常軌を逸している。世界にはインド洋、アラビア海、メキシコ湾など、国名を冠したものは多いけど、問題になったことはない。カリフォルニア半島はアメリカではなく、メキシコにあるけど、アメリカもメキシコも何もいわない。歴史的に定着している名称は問題にしないんだよ。

ところで、世界の中心と思っている韓国としては東側の海は「東海」だけど、ロシアからすれば「南海」だよね。黄河が流れ込むから黄海なのに、これも「西海」とされたら、中国は怒るかも。だって中国で「東海」は東シナ海のことだから、その北に「西海」があったら、ワケ分かんなくなっちゃう。

要するに東西は相対的なんですよ。それに対して南北は絶対だよね。だれが見ても、南北は揺るがない。そこで、韓国人の友人に、「韓国が東海にこだわるなら、日本は韓国のことを『南朝鮮』というよ」といったら、腰を抜かさんばかりに驚いていた。

事なかれ主義と謝罪を繰り返してばかりいると、国民は沸騰するよ。そうならないためにも、日本政府は韓国に対して、はっきりモノをいって、日本が本気になったらどうなるかを教えてやった方がいいと思いますね。

国民的コンセンサス（平成二十六年六月号）

集団的自衛権をどこまで認めるか、ということが国会で大きな問題になっていますね。でも多くの国民にとっては、よく分かんないよね。

そもそも集団的自衛権って何だ、ってことになるんだけど、まあ、簡単にいうと、日本を守る立場にいる米軍が、攻撃されたり、されそうになっているのに、日本が指くわえて見てんの、まずいんじゃねーの、ってことだよね。当たり前の議論だと思うけど、地理的範囲とか、武力行使の規模とか、事後の承認とか、果ては憲法解釈の変更、憲法改正なんてとこまで議論が拡大しているっていうより、拡散してるよね。

で、このテの国会挙げての問題でごたつくと、決まって議員から、とりわけ反対側の野党の議員からいわれるのが、「国民的コンセンサス」を得る必要がある、というヤツですな。

ここで私は大いに違和感をもつのであります。

集団的自衛権に限らないが、例えば、集団的自衛権と集団的安全保障は何が違うか、警察比例の原則をそのままにして、集団的自衛権を議論するのは順番が逆ではないか、などをはっきり分かっている国会議員はどの程度おられますかな。まして国民のみなさんがコンセンサスを得るためにどの程度理解しているのかは、はなはだ疑問、というより、まず、期待する方が無理でしょ。もし、こうした問題で国民のコンセンサスを得られるなら、国会議員は必要ないんじゃないの。

衆議院議員は代議士といわれ、これは選挙民の代表、もしくは代理として、国政を議する人物、という意味ですよね。参議院はかつて貴族院だったから、代議士とはいわないが、現在は選挙で選ばれるから意味は同じだよね。

北朝鮮や中国のような非民主独裁国家はともかく、スイスの一部を除いて、世界の国々が直接民主制ではなく、間接民主制を採用しているのは、国民すべてが参加して議論することが不可能だからじゃないの。だからこそ、選挙をして、自分の考えに近い人を国会に送り込んで、政治の方向を決めてもらうことになっているんだよ。それでも意見が割れたら、最後は多数決で決めるというのが、近代民主主義の手続きなんだ。

実は民主主義というのは手続きなんだ。民主主義と民主的は同じではない。そんなことは大学の教養課程の政治学で教わるはずだよ。もし教えなかったら、その政治学の先生は不勉強か手抜きだね。

だから、集団的自衛権でも何でも、国民のコンセンサスを得なけりゃいかん、というのは、おかしいし、それは議員の任務放棄に過ぎないんだ。にもかかわらず、それをことさら言挙げするのは、要するに「反対」というだけのことなんですね。

私は、かつては社会党で、いま民主党に所属している国会議員、あるいは社民党や共産党の国会議員に聞きたい。あなたたちは北朝鮮とどう向き合うんですか。拉致問題とどう向き合うんですか。中国のウイグルや南モンゴルやチベットの人々、人権活動家などに対する弾圧とどう向き合うんですか。尖閣、竹島、北方領土問題とどう向き合うんですか。

こうした問題こそ、国民的なコンセンサスができている。コンセンサスができている問題に取り組まないで、集団的自衛権についてコンセンサスを、と叫ぶのは順序が逆。

民主党も共産党も、まして社民党が国民からほとんど支持を得られていないのは、拉致問題が北朝鮮の犯行とはっきりして以降ですら、彼らは何の行動も起こさなかったからですよ。国民的コンセンサスを得ることがきわめて厳しい問題について叫ぶ前に、国民的コンセンサスが得られている問題について、行動することが求められていると思いますよ。

もし、社民党が党首自ら北朝鮮に乗り込んで、拉致被害者を救い出したら、私はその次の選挙で間違いなく社民党に投票するけどな。

軍事忌避（平成二十六年七月号）

数年前、都内の某私立大学の弁論大会の審査員を頼まれたことがありました。十人前後の学生が、入れ替わり立ち替わり、政治や社会の在り方について所論を展開するのですね。自身から半径三メートルより外のできごとには関心を持たないと揶揄される昨今の大学生ですが、どうしてどうして、環境、福祉、雇用、外交問題など、活発な弁論が繰り広げられたのでした。

私の世代が学生だったときは、ヘルメットにゲバ棒の「マル」だの「カク」だのというセクトが、現実性のまったくない意味不明な抽象論で、殺し合いをしてました。日本開闢以来の愚かな世代だったといえましょう。彼らはいまごろ、何してんのかね。まさか、会社のお偉いさんなんかになってんじゃないだろうね。

ところで、その弁論大会で一年生の女子学生が「大学に安全保障講座を」と題して、弁論をしたのですな。内容は、北朝鮮が核兵器を保有していると宣言し、それを日本への恫喝に使っているのに、日本の大学には、まともに安全保障や防衛問題を教える講座がほとんどない、これは大学の怠慢であり、象牙の塔にあぐらをかいているようなものだ、というのでありました。

わたしゃ、審査員席にいて、思わず膝を打ったね。われわれの時代のゲバ学生に比べて、何と立派な所論ではないか。まさにいま大学がやるべきことは、国民の安全を確保するために、学問の立場から何ができるかを考えることですよ。私が彼女に高点をつけたのはいうまでもない。

ところで、五月のある日の産経新聞にこんな記事が載っていた。

「軍事忌避　東大独自ルールに反旗」「複数教授　米軍から研究費」。内容は軍事研究と外国軍隊からの便宜供与を禁止している東大で、複数の教授が米軍の傘下団体から研究費を受け取っていたというもの。受け取った教授は、軍事研究はしていない、とか、教員としてではなく、学会員として受け取ったから問題ない、と言っているらしいが、そんなことはどうでもいい。問題は東大が軍事研究を禁止していることです。

東大は昭和四十四年に職員組合と、軍事研究や軍からの研究援助を禁止するという労使合意をしたんだって。それがいまも生きているんだって。でも、それって「学問の自由」への圧力なんじゃないの。ファシズムだね。

まさに某私大の女子学生が弁論大会で主張したように、日本国と日本国民の安全について学問の府がまったく知らんぷり、いや忌避していることこそが問題なんだよね。もちろん、安全とは軍事・防衛だけではない。防災も環境も食品も医療も建設も、なんでもそうですよ。その中に軍事・防衛が入るのは当然。だって北のミサイルが飛んできたら、防災も環境も吹っ飛ぶだろ。国家、国民の基本的な安全を学問の対象にしないような所に、最高学府とか、学問の自由とかいう資格があるんかね。

というと、戦前に戦争に協力したことの反省とかいうんだけど、軍事の研究をしたら戦争に協力したことになるの？　どうすれば戦争にならないかを考える軍事研究が大事なんだよ。世界同時革命だの、米帝粉砕だの、安保爆砕だの、世迷い言、ごたくを並べたてていた奴ら、彼らは企業に入って少しは反省して現実的になったかもしれないけど、大学に残った連中は、相変わらず、現実逃避の理論闘争ごっこをしているのかね。

東大の理科系の大学院には多くの中国人留学生がいて、研究成果をせっせと故国に持ち運んでいるらしい。その中には、中国の軍事技術向上に資するものもあるだろう。だが、東大当局は、自衛官の大学院入学を原則としていまだに許容していない。それが軍事忌避なんだって。それって、ただの責任逃れだろ。東大幹部のみなさま、どうか、もう少し、お勉強してくださいな。

従軍慰安婦（平成二十六年八月号）

昨年秋、ソウルの日本大使館前にある従軍慰安婦像を見て参りました。雨が降っていたので、像にはピンクのレインコートが着せられていました。優しいことですね。

昨年あたりから、韓国に関する本、といっても韓国がいかに「ダメな国」であるかを書いた反韓本、嫌韓本がバカ売れしてますね。タイトルも「悪韓論」「呆韓論」「犯韓論」などなど、すさまじい漢字が付けられている。仮にもひとつの国家、民族を悪だ、阿呆だ、犯罪者だといっているわけだから、人の悪口を嫌う日本の世論はまゆをひそめ、不買運動でも起こるかと思いきや、これがみな増刷に増刷を重ねているんだとか。

考えてみれば、日本は韓国のいわれなき誹謗中傷にずいぶんと耐えてきたよね。日本人は世界でも有数の我慢強い民族だが、事実無根の羅列、従軍慰安婦の捏造、韓国歴史観の強制、竹島強奪などで、とうとう切れてしまったね。

とくにひどいのがアメリカなどに建てられている慰安婦の碑だね。二十万人の韓国人女性が性奴隷にされた、なんて書いてあるんだって。ウソ八百の国のいうことを信じて碑を建てさすアメリカ人には失望だね。終戦直後、日本に進駐して慰安婦を要求したくせに。

慰安婦は日本や韓国の業者が管理して、軍隊に追従していたんだけど、その理由は、駐屯地で現地の女性に暴行しないように、ということと、性病の感染を防ぐことだったんですよ。

軍隊では徴兵検査で必ずやる検査がある。それは肺疾患検査とS検だ。結核に代表される肺疾患は伝染性が高く、ひとりでも罹患者がいると、部隊にまん延して戦闘行動がとれなくなる。だから、肺疾患があれば、ただちに帰郷。兵隊にはなりたくてもなれない。

もうひとつのS検、S検といってもスーパーマーケット検定ではないよ。S検は梅毒などの性病に罹っているかどうかを調べるんだ。具体的な記述は避けるけど、軍医さんが、その、何というか、とにかく、手でいじくって性病に罹っているかどうかを調べる。

性病に罹ると、兵士は役に立たなくなる。だから、肺疾患と性病は軍隊の二大敵だったんだ。

このため、慰安所の衛生管理を軍医が行うことがあったわけで、それは軍が慰安婦を管理していたことを意味しない。

兵隊は外出が許されると、コンドームを二つ支給される。もちろん、ひとつは性病に罹らないように使用するんだけど、もうひとつはとっておいて、渡河や沼地、砂塵の中での戦闘の際、銃口にかぶせて、水や砂が入ることを防ぐために使ったんだ。いろいろな使い道があるもんだね。

数年前、グアム島に行ったときに、海岸線の美しいホテル群からかなり離れた内陸部の広場にコンテナのような建物があって、そこに売春婦が何人もいるって聞いた。のぞきに行った人の話では、そこにいたのはすべて韓国人女性で、みな二十歳前後。彼女たちのお目当ては、グアム島に寄港する米海軍の軍艦の乗組員。しかも、衛生管理などは米軍ではなく、韓国の業者が行っているとのこと。

彼女たちは韓国の中学や高校を卒業し、貧しい家計を支えるため、業者の募集に応じて、グアムに来たらしい。家計が貧しく、国家・政府がこうした家庭を支える能力がないため、若い女性が犠牲になっているわけだね。

戦前の日本でも家計を助けるために、その道に入る女性がいたけど、韓国では二十一世紀の現代でも、米兵相手の売春が公然と行われている。でも、これって、戦前の慰安婦と同じ構図だよね。もちろん、こうしたことが行われていることを韓国政府は知っている。いやいや、韓国本土でも、政府公認のキーセンという名の外国人相手の売春婦が外貨を獲得するために働いている。もちろん、高級な店では公共の機関が衛生管理を行っているんだそうな。

亡くなったセウォル号の高校生に涙を流す心優しい朴大統領さん、二十万人の性奴隷なんていうでっち上げをいう前に、現代の自国の性奴隷たちを救済して上げてはどうだろうか。

個人情報（平成二十六年九月号）

昨年のことですが、金沢市の古刹を訪ねました。明治の軍人の遺跡を調べていて、そのお墓を見てみたくなったんですね。しかし、墓所は広く、どこにお墓があるか分からない。そこで、寺務所に行きまして、お墓のありかを訪ねました。するとお坊さんの意外な答え。

「お墓の場所は個人情報なのでお答えできません」。？？？　すごい違和感。僧の口から「個人情報」だって。驚いたね。個人情報じゃなくて、故人情報かと、一瞬思っちゃったよ。

それにしても、個人情報保護法なる悪法が世にはびこっていて、多くの害毒をまき散らかしているとは聞いていたが、お墓までとはねー。

個人情報保護法は平成十五年に成立し、十七年四月から施行された法律です。もう十年目に入っているんだ。個人の住所、年齢、職業、連絡先などが流出して、個人に不利益を与えないことを目的としているそうです。

だれだって、自分の病歴、結婚・離婚歴、家族の状況なんかを、だれかれ構わずに知られるのは好まないよね。こういうことは、いわゆるプライバシーの権利とかで保護されているんだけど、なんで、こんな法律ができたかというと、九州選出の某保守系大物政治家が、自分の女遍歴のスキャンダルを週刊誌に書かせないためにでっち上げた、なんて噂があったくらい、成立の趣旨は不透明なんですな。

ところが真面目に「超」が付く日本人。いったん、法律ができたら、みんなで墨守。小学校、中学校、高校の卒業アルバムから連絡先の覧が消えてしまった。卒業一年を記念して集まろうったって、住所も電話番号も分からないし、メールを知っているのは、ごく親しい者だけだから、結局、会はお流れ。

もちろん、同窓会名簿も作れなくなったから、先生や先輩への連絡もままならず、同窓会も開けない。これを悪法といわずしてなんという、と思っていたら、同窓会よりもっと深刻な事態が持ち上がっているんだと。なんと認知症で行方不明になっている高齢者の調査を自治体が〝妨害〟しているらしい。

認知症が原因で徘徊して、どこぞの施設で保護されている身元不明の高齢者は全国に100人以上いるんだと。当然、家族は血眼になって行方を捜していますよね。万が一のことも考えたら、いてもたってもいられないよね。連日、全国の施設や自治体に電話したり、顔写真を載せたチラシをFAXしたり、と大変ですよ。

だったら、政府が音頭をとって、自治体や施設で保護している認知症患者の一覧を、探している家族に提供すれば、問題はかなり解決すると思うでしょ。ところが、「個人情報」とかいって、自治体や施設は提供を拒んでいるんだって。とんでもない話だよね。文字通り、お役所仕事、血の通わないやり方。天下の悪法をさらに悪く解釈して、自分たちになんの責任もかからないようにしているわけだな。

全国の都道府県で、探している家族に情報を開示しているのは千葉県と静岡県だけだそうな。当たり前っていや当たり前だけど、千葉県と静岡県の判断はほめられていい。他の都道府県は、本人の同意がないと、情報を外に出せないというんだって。でも、認知症なんだから、同意できるわけないいじゃないの。同意できるぐらいなら、行方不明になんかならないっていうの。

まったくバカも休み休みにいってほしい。家族のもとにお返しして差し上げるのが、行方不明になった認知症の高齢者の最大の幸福ですよ。それを個人情報だなんて。本末転倒もはなはだしい。

東日本大震災以来、日本は「絆」ブームで、それはそれで結構ですが、行方不明者を必死で探す家族に冷や水を浴びせかける個人情報法護法、一刻も早く廃止しないと、絆どころか、人と人とのつながりすら崩壊してしまいかねないよね。

朝日新聞（平成二十六年十月号）

平成八年六月のある日、社会部次長をしておりました私に、在日韓国人の団体である大韓民国民団（民団）から、懇談会への招待状が参りました。在京の新聞、テレビの社会部の記者を招いて、食事をしながら、日韓問題や在日問題を話したいという趣旨でございました。

喜んで出かけて行きまして、中華料理のテーブルを囲んで着席、参加者は順次、自己紹介をさせられました。私の自己紹介が終わるやいなや、別のテーブルにいた朝日新聞のHという記者が、いきなり私のところにやってきて、「産経新聞は従軍慰安婦の強制連行を認めていない。許せない」と詰め寄りました。突然のことでした。

民団との懇談の席だから、場違いもはなはだしい。しかし、朝日のH記者は、民団との場だからこそ、従軍慰安婦強制連行を高々と報道している自社をアピールしつつ、強制連行の証拠はないとしている産経の私をとっちめることで点数を稼ごうとしたんでしょうな。心根、さもしい。

私は「強制連行の証拠はない。それは君も知ってるでしょ」と答えましたが、H記者は「産経は韓国のみなさんに謝罪するべきだ」などと居丈高です。私は「政府は調査をしたけど、その内容を公表していない。なぜ公表しないのか。まずは公表することだ。公表していないのに、強制連行があった、なかったと言っても始まらない」と言いましたが、彼は「強制連行をしたという証人がいる。産経はいつまで否定するのか」と引き下がりません。

残りの記者はみな唖然として、やりとりを聞いています。横で見ていた民団の幹部が、「まあまあHさん、その話はあとで」といって、ようやく会食が始まりました。

H記者が言う証人とは、今回、朝日新聞が、その証言を虚偽だと判断した故吉田清治氏のことです。H記者は自社の虚偽報道に躍らされて、民団の前で、産経の私を生け贄にして〝糺弾〟、正義漢ぶりを発揮したということなんでしょう。それにしてもあの傲慢さ、うんざりだね。

むかしの私怨を晴らすために書いてるんじゃないんだけど、この話、続きがあります。H記者は、自分のパフォーマンスが非常識だと悟ったのでしょう、会食が終わった後、私のところに来て、「さっきは突然、厳しいことを言って失礼しました」と紳士的にあいさつし、名刺を出しました。私も名刺を渡しましたが、私の肩書きは「次長」だったので、H記者は「あっ」と言って、今度は深々と頭を下げました（いいとこあるじゃん、それとも肩書きに弱いのかな）。私は、彼とはこれ以上、話をしたくなかったので、隣の席の民団の幹部と、会話の続きを始めました。私は片言の韓国語を話すので、会話は韓国語でした。すると、それを聞いていたのでしょう、H記者は「韓国語がおできになるんですか」と言って、もう一度、頭を下げました（再び、いいとこあるじゃん、それとも語学コンプレックス？）。

韓国語を片言、話すことは何も偉くはないでしょうが、韓国通と思われたかもしれません。H記者としては、民団の手前、従軍慰安婦強制連行を認めない産経を糺弾したつもりだったのに、糾弾されるべき相手が、韓国語で民団幹部と談笑していることに、衝撃をうけたんでしょうな。彼からすれば、産経の人間はすべからく、強制連行に加担した犯罪者と同じに映っていたんでしょう。そんな〝悪人〟が韓国人と韓国語で談笑するなんて…。

今回の朝日新聞の検証とも呼べない言い訳特集、ま、それはそれとして、朝日の虚偽報道は、同社の多くの記者に、過去三十年以上にわたって、事実無根の主張を信じ込ませてきたことになるね。多くの朝日の記者が正義漢ぶって、強制連行を否定する人を糾弾してきたのでしょう。いま、彼らは自分の行為に深く恥じ入っていることでしょう。とすれば、朝日新聞は自社の記者の心のケアをしなければなりません。でないと、読者だけでなく、朝日の記者自身が、朝日の記事を信用しなくなりますよ。

強制連行（平成二十六年十一月号）

吉田証言に続く吉田調書、いやはや次から次へと朝日新聞の誤報、虚報、訂正、取り消しが相次ぎますね。朝日のでたらめさには驚ろかなくなりつつあるが、二つばかり驚いたことがある。

一つは福島原発から「逃げた」と誤報した東電の社員にひとりも取材していなかった、と編集担当取締役が記者会見で明らかにしたこと。

ちょっと待って欲しい。私も新聞記者を四十年近くやってるけど、「逃げた」と書いておきながら、その逃げたはずの誰からも取材していないなんて、あり得ない。デスクはなんで、「ウラ（裏付け）を取ってこい」と命令しなかったんだろう。イロハのイですよ、これは。

もう一つはやはり記者会見で、社長さんが、池上彰原稿を不掲載にしたことについて、「言論の自由の封殺」との批判を受け、「私としては思いもよらぬ批判」と語っていること。私は耳と目を疑って、思わず社長発言を読み返した。

というのは、「何を書いていただいても自由です」と言ってコラムを頼んでおきながら、自社を批判する内容と知るや、掲載しないというのは、明らかな言論の封殺だよ。ジャーナリストでなくとも分かる。それを「思いもよらぬ」という神経は、自分だけが正しく、それを批判する者は正しくない、という完全な思い上がりというより、ヒトラー、スターリン、毛沢東、金日成なみの自己無謬論だな。それが自由主義や民主主義と相容れないことは、中学生でも知ってる。

朝日は英文で訂正原稿を発信しているようだけど、それで問題が終わったわけではない。慰安婦問題もふくめて、状況はまったく変わってない。

朝日が垂れ流した害毒は国連を始め、世界各国に「日本は韓国の女性を性奴隷にしたとんでもない邪悪な国」との、冤罪を広めてしまったからね。その筆頭が国連のクマラスワミ報告だね。

本来なら、朝日の社員は、ニューヨークの国連本部に行って、国連の職員に、「あれはみなウソでした」と、詳細を英語で書いた謝罪資料を配るべきだよ。同時に、いまや全米七ヵ所といわれる慰安婦像撤去運動を行い、さらにはグアム島で、米軍相手の慰安婦をさせられている韓国女性の救出をしなくちゃ。救出したら、彼女らをソウルの青瓦台（大統領官邸）に連れて行って、朴大統領に、「これがホントの従軍慰安婦です」と教えてやることだね。

強制連行というのは決まった定義はないらしいが、わたしの考えでは、非合法、もしくは社会的妥当性のない法律（たとえばニュルンベルク法）などによって、本人あるいは保護者の同意のないまま、暴力的に身体を移送することだ。

典型的なのはナチスドイツによるユダヤ人の連行、ソ連のシベリア抑留なんかだね。北朝鮮の拉致も同じだ。

慰安婦問題でいうと、朝日が信じた吉田証言の通りなら、ある日、村からひとりかそれ以上の女性が忽然と姿を消すわけだから、大騒ぎになる。家族は近所にも呼びかけて捜すし、警察や役場に届けて、消防団が出動して、何日も何日も捜す。見つからなければ、新聞沙汰にもなる。もし、官憲などを動員して家族や村人の目の前で強制連行を行ったら、その怨嗟の記憶は末代まで残るだろう。彼らは決し日本人を許さないだろう。だから吉田証言を聞いたら、書く前にウラをとるために、済州島に行かなくちゃ。

もちろん、行った人もいた。でも、いずれも強制連行の事実を確認できなかった。だったら、吉田証言を疑うのが筋だよね。それを鵜呑みにしたということは、事実ではなく、「日本は悪い」

という前提でしか記事を書けない構図が朝日にあったということなんだろうね。事実を無視してプロパガンダに走ったわけだ。そうなると、もう新聞じゃないね。なんでまだ発行してるんだろ。このまま新聞協会に加盟させておいていいのかね。外務省（霞クラブ）や経産省の記者クラブからも追放した方がいいんじゃない。

土井たか子（平成二十六年十二月号）

元衆議院議長で社民党党首だった土井たか子さんが八十五歳でなくなりましたね。女性の平均寿命に達したわけで、まずは大往生といってもいいでしょう。

産経新聞は「マドンナ旋風」「政治を国民に近づけた」などときわめてポジティブな評伝と談話を載せた。産経ですらそうなんだから、あとは推して知るべしですね。

朝日は「意地と度胸　反戦貫く」だって。毎日も「護憲派、歯切れよく」だって。読売は「西のサッチャー、東のおたか」ときた。サッチャーさんはさぞおかんむりだろう。

私はこれらの記事を読んで、がっかりした。日本は死ねばホトケ、中国や韓国と違って、死者にムチ打つようなことはしない。それが日本の美徳であります。しかし、一から十まで「素晴らしい人物」みたいに書かれると、首を大きく横に振らざるを得ない。後世、これらの訃報記事を読む人々に誤解を与えかねない。

故人には申し訳ないが、土井さんという人は、人権問題にきわめて冷淡な人であったと思う。もっと強くいうと、人権を踏みにじった人であったと思う。

拉致被害者の中に神戸市外大生だった有本恵子さんがいる。有本さんはイギリスに語学留学していたが、昭和五十八年、北朝鮮に拉致された。よど号ハイジャック犯のひとり、柴田某の妻となった女性が、後に「自分が拉致して北朝鮮に連れて行った」と東京地裁で証言している。

兵庫県在住の有本さんのご両親は、地元選出で、北朝鮮と大きなパイプをもつとされた土井さんの事務所を訪れ、お嬢さんの救出に協力してくれるように頼んだ。このときは、土井さんはにこやかに応対したんだとか。だけど、それっきり。その後、陳情に行ってもけんもほろろ。「やかましい」「わずらわしい」といわんばかりの態度だったとか。

北朝鮮で有本さんと結婚したとされる石岡亨さんが書いた決死の手紙を土井さんに読んでもらおうと、議員会館のエレベーターまで追いかけ、そでにすがる格好だったけど、これまた振りほどかれたそうな。時代劇で出てくる、「お願いします」と直訴する農民を足蹴にする悪代官が彷彿とされるね。

ご両親は土井さんに頼むのをやめて、自民党に協力を要請するようになり、現在に至っている。

これをみても分かる通り、土井さんという人は、北朝鮮べったりだった。日本人が拉致されても、許し難い蛮行と考えないし、まして北朝鮮と交渉して、拉致被害者を取り戻そうなんて発想は微塵もなかった。娘を拉致され、ワラにもすがる思いで陳情に来たご両親に最初はにこやかに応対しながら、後は無視して、迷惑顔をする。まさに人非人ですね。

「ダメなものはダメ」というのも、土井さんのキャッチコピーだそうだが、民主主義というのは「何がダメで、何がいいのか」を審議、検討するところから始まり、それを衆議で決め、決めたら従うというルールがある。それを「ダメなものはダメ」と言ったら、審議はできない。それを権力者がいったら独裁になる。「ダメなものはダメ」ということ自体が「ダメ」なんだよ。ま、土井さんが首相にならなくてよかったけどね。

土井さんという人は、戦前は軍国少女だったそうだけど、戦後は社会主義の闘志になった。要するに戦前は軍国主義にだまされ、戦後は社会主義という全体主義にだまされたわけ。イズムにだまされ続けた人生だったんだ。

ベタベタとお世辞を並べた新聞、訃報記事の見出しは、「マドンナ(有本恵子さん)を見捨てた」「国民の人権を無視した」「被害者家族を足蹴　北朝鮮べったり貫く」「北朝鮮派、拉致は語らず」「北の正日、日本のおたか」が正しいと思うね。

私は彼女を悼む気などさらさらないが、もし、健康でもう少し長生きしたなら、人生の最後の時間を、拉致被害者救済のために捧げるのが、北朝鮮べったり人生のせめてもの日本と日本人、拉致被害者とその家族への贖罪だと思うけどね。

挺身隊（平成二十七年一月号）

朝日新聞は、証拠のない慰安婦の強制連行を、一詐話師の発言のせいにして、記事を取り消しただけで済まし、「強制性はあった」などと、これまた証拠も何もないのに、強弁していますね。まことに懲りないというか、あくまで日本を悪者にしたいらしい。

本来の意味の「強制性」というのは、政府や自治体、軍などによる強制性のことで、民間業者が騙して慰安婦にしたり、親が娘にウソを言って女衒《ぜげん》に売ったりすることを意味しない。

そのテのことは、当時の朝鮮に限らず、江戸時代、いや明治、大正、戦前の日本でもままあったことで、それに対して、幕府や藩や政府は取り締まりの対象にこそすれ、当事者ではないから、責任がないのはいうまでもないよね。そういうのは強制性とはいわない。

だから、朝日のいう「強制性」というのは意味を取り違えている、いや強弁のための論理のすり替え、でっち上げというしかないね。

当時の朝鮮人業者にも悪徳業者はいただろう、というより、女衒のほとんどは悪徳業者だろう。現代の韓国のキーセンやグアム島で売春をさせられている韓国のうら若い女の子も、家族のために心ならずも、その道に入った子がほとんどだろう。それもみな「強制性」ということになるんかいな。朝日新聞の「強制性」の使い方からすれば、韓国政府そのものが「強制性」の当事者ということになる。朝日さん、分かるかな。論理の精密さをきちんと理解してから記事を書かないと、頭と心が悪いことがどんどんばれますよ。失礼ながら朝日の言い訳記事は、論理的文章としては小学生並み、及第点を差し上げられない。

議論というのは論理と事実によって構成されるものだが、もうひとつの事実もひどいものだ。詐話師のことではない。「慰安婦」と「挺身隊」の混同のことであります。

「当時は研究が進んでいなくて、慰安婦と挺身隊を混同した」と朝日は言い訳したけど、真っ赤なウソです。

挺身隊というのは、考古学や古代、中世の話ではない。元慰安婦も元挺身隊も数多く存在している段階で、研究も何もないもんだ。「日本が韓国を併合していたかどうか、まだ研究が進んでいなくて…」といっているのと同じレベル。

問題になっている挺身隊は正しくは「女子勤労挺身隊」のことで、多くは女学生が対象。彼女らは学業のかたわら、工場などに動員され、軍人の被服を作ったり、砲弾や弾丸などの武器や部品の製造に携わったりした。要するに、戦局が逼迫して、男たちが召集されて減っていったから、その穴埋めに動員されたんですよ。慰安婦とはまったく違うことは論をまたないね。

かくいう私の母も挺身隊でありました。母の姉も妹も、私の父の妹も挺身隊だったといっていました。みな、工場に行って、日の丸鉢巻きをして油まみれで働いていたのです。朝日がいうように「研究が進んでいなくて…」というレベルの話ではありません。当時の朝日の記者の何人かの母上や伯母さんたちも挺身隊だったはずです。その数が二十万とか三十万とかいわれるのです。それを慰安婦と混同して、性奴隷二十万などとしたのは朝日新聞ではありませんか。わたしはかつて韓国に行ったときに、韓国の新聞記者が「挺身隊」の話を持ち出したので、「私の母も挺身隊だった」と言ったら、彼は絶句して、話をやめてしまった。私はその理由がすぐには分からなかったけど、彼が誤解していると気づいて正したら、二度絶句してしまった。

当時、お国のために、戦争に勝つために、戦地の兵隊さんのためにと挺身隊となって、工場で働いた女学生を侮辱しているよね。

議論は論理と事実といったけど、どちらもお粗末。いや、お粗末ではなく、「混同しました」なんていってるけど、本当は分かっていて、日本を貶めるために、わざと書いたんじゃない？そう勘ぐられても仕方がない。やっぱり廃刊してほしいね。

大学の自治（平成二十七年二月号）

懐かしい名前を新聞で見ましたね。ずばり「中核派」ですよ。それも現役京大生から二人もの逮捕者です。現役だから二十代ですよ。新鮮な驚きでした。

むかしは反代々木系全学連とか、三派全学連などといって、最盛時五万三千人もいたそうですが、現在は約二万人だそうで、それも多くが高齢化しているんだとか。要するに三十—四十年前にゲバ棒を振ってた連中の何人かが、やめることもできず、いまも「過激派」をやっているということなんだな。それにしても二万人は多いなーと思っていたら、その四分の一を占める中核派は、現在、増えているんだって。それも若者層で。

新聞によると、旧年十一月二日に東京・銀座で中核派が主導するデモがあったんだって。その際、デモの学生三人が機動隊に暴行したとかで逮捕されたけど、うち二人が京大生だったんだって。それに抗議する集会が二日後に京大で開かれ、監視するために京都府警の警察官が京大の吉田南キャンパスに立ち入って、学生に取り囲まれ、警察官であることがばれちゃった。免許証、保険証、携帯電話を取り上げられ、免許証なんかはコピーされて、その場でネットに流されたらしい。そこへ京大の副学長が駆け付け、警察官を会議室に連れて行き、名前と所属をいわせたんだって。学外には機動隊の警備車両が来て、一般学生も集まって騒然とした雰囲気になったとか。いやはや、こういう風景、四十年前を彷彿とさせますね。

逮捕された三人は完全黙秘《カンモク》を通して、十一月下旬に処分保留で釈放されました。こういうとこが、日本のいい加減さというか、甘さというか、なあなあというか。

中核派というのは暴力をもって国家を転覆することを目標にしていると聞いたけど、それを釈放するなんて日本の警察はなんて甘いんだろう。韓国ならまず二〜三年は刑務所から出られないし、中国なら多分一生出られない。北朝鮮なら公開銃殺だよ。それが分かってデモやって暴行して、逮捕されてんだとしたら、日本ほどいい国はないね。革命おこすなんてとんでもない。

私も学生のときに、友人の過激派の学生がデモで機動隊にジュラルミンの楯で足をたたかれケガをしたといって、「弾圧だ」と怒っていたから、「暴力で国家を転覆しようとする者がいたら、権力が弾圧するのは世界の常識だよ。革命やるなら死ぬ気でやれよ」といったら、妙に納得していた。

彼らのおかげでどれだけ授業を妨害されたか。彼らに授業料を返してほしいね。そんな学生が翌日、大学で授業を受けられるんだから、私にいわせりゃ、日本は天国さ。

ところで、京大の副学長さんは、警察官を警察に引き渡したあと、「大学に警察官が無断で立ち入ったことは遺憾」との談話を出した。何でも四十年前の大学紛争時に京大と京都府警で、「大学の自治」を尊重するとして、警察官が構内に立ち入る際は事前通告をするという取り決めをしたんだそうな。

だけど、バカいっちゃいけない。京大はわれわれ国民の税金で作られた学校だ、そこに誰が立ち入ろうと、文句をいわれる筋合いはない。税金を納めている納税者様が、自分たちの税金で運営されている京大に入って何が悪いんだ。むしろ、「いつも税金を払っていただき、有り難うございます」と副学長がもみ手で挨拶をするのがスジだよ。

まして暴力による国家転覆を企てている集団を監視するのは警察官の義務だ。どんどん立ち入って、暴力集団を排除し、一般の学生が安心して勉強できる環境を維持してほしいね。分かりますか、副学長さん？

大学紛争時、自分たちでは何も解決できないから、機動隊にすがって正常化したのに、何が

「大学の自治」だ。「学問の自由」は百パーセント保障されなくちゃいけないけど、「大学の自治」なんて幻想だ。それがいやなら税金を全額返上して、自分たちだけで大学を運営したらどうですか。

プールサイダー（平成二十七年三月号）

旧臘行われた総選挙で、自民、公明の与党は議席の三分の二以上を獲得する圧勝でしたね。民主が十一議席増やしたものの、維新は一議席減、次世代に至っては十九議席から二議席へ、まさに惨敗ですな。

ところが、ここで気を吐いた党があった。共産党です。八議席から二十一議席。何と二・六倍以上。大躍進です。というわけで、共産党は「勝利」と喜んでいるようですが、それは違います。

選挙というのは過半数をとった政党が勝利なんです。ましてや第一党になったわけでもないのに、「勝利」はないよ。そもそも、小選挙区のほぼすべてに候補者を立てたにもかかわらず、小選挙区の当選者はたったの一人、比例で二十人が当選して二十一議席なんです。委員長ですら、比例で当選ですよ。そういうのは「勝利」とはいわない。二十一議席は完全な「敗北」です。もう一回いいますが、勝利したのは自民党です。二百九十議席をとったんですから文句なしの勝利です。

公明も増えたけど、与党としては勝利かもしれないが、公明党としては敗北です。過半数をとれなかったんだからね。そもそも過半数の候補者を立ててないよね。そこからして勝利を期待していないということになるんですよ。

では、共産党はどういえばいいのか。それは「敗北の度合いが下がった」というにすぎない。それを、「国民が安倍政権に『ノー』と言った」なんて、解説するのはお門違いもはなはだしい。私はかつて共産党の偉い人にいったことがある。「現代の日本人は共産党とか共産主義ということばに違和感がある。この際、党名を変えたらどうですか」と。すると彼は「歴史と伝統の光輝ある党名を変えることはできない」とおっしゃった。でもね、いま中学の社会科、高校の世界史では何と教えているか知ってる?

「共産主義は経済的に行き詰まって崩壊した」というふうに教えているんだ。ソ連共産党も中国共産党も、自由や民主主義とは無縁の存在だよね。だから、共産党というネーミングは、それだけで、先入観でみられかねない。国会に議席をもつ政党の中では最も古い党名であることは承知しているけど、党勢を伸ばすためにも党名を変えた方がいいんじゃないの。まっ、老婆心ながら。

選挙の話にもどるけど、国民は「自民党のやり方でいい」との意思表示をしたんですよ。そこを読み違えると、共産党に限らないけど、いつまでも本当の「勝利」は得られないよ。

共産党のことはそのくらいにして、問題は民主党だ。十一議席増えた理由はよく分からないけど、選挙中も選挙後も、「アベノミクスの失政」なんていってた。私はアベノミクスが成功かどうかは、まだ分からないと思っているけど、民主党の三年間の政治政策が、まったく間違っていたことははっきり分かっている。鳩山君の普天間問題、菅君の原発対応、いずれもレベルに達しないお粗末なものだ。だから、三年前の総選挙で、民主党は惨敗し、今回も二ケタにとどまったままだったんだね。

では、どうしたらいいんだろう。まずは鳩山、菅両氏の政治をきちんと総括することだ。そして両氏を党の懲罰機関にかけて除名するなり、処分するなりして、あの二人と百パーセント訣別することだね。最高顧問なんて烏滸《おこ》の沙汰も甚だしい。国民は思想、信条に関係なく、あの二人を許していない。頭をまるめて国民に謝罪をし、心を入れ替えて出直さなければ、いつまでも民主党は三ケタの議席はとれないだろう。

今回の選挙の民主党の主張は、泳げないくせに、泳いでいる者に向かって、「その泳ぎ方ではダメだ。前に進まない」とプールサイドで怒鳴っているようなものだった。「日本人とユダヤ人」の著者、イザヤ・ペンダサンはそういう人を「プールサイダー」といってた。民主党さん、人に説教する前に、まずは泳ぎ方を覚えることだ。いや、まずは水に浮くことから始めなきゃいけないね。

日本国憲法前文（平成二十七年四月号）

いよいよ憲法改正が動き出すことになりそうですな。

二月上旬、安倍首相が、自民党の船田憲法改正推進本部長に「憲法改正の発議と国民投票の実施は、来年の参院選後になる」との見通しを示したとかで、早ければ来年夏以降に、憲法改正が実現するかもしれません。年内には国会で改憲項目を絞りこむんだとか。現実にはそう簡単にはいかないだろうが、戦後の占領体制と訣別するためには、日本人の、日本人による、日本人のための憲法を制定することが不可欠です。憲法改正、いや新たな憲法制定をしてこそ、真の独立国になるんです。

だけど、総論賛成、各論反対で、何も決まらないのでは困る。何をどう改正するかというのは大きな問題だよね。

現憲法に関しては「改憲論」「護憲論」などがあるけど、「無効論」というのはあまり知られていない。民法九六条第一項には「詐欺又は強迫による意思表示は、取り消すことができる」とあり、現憲法もGHQの強迫下で成立したことは間違いないから、昭和二十七年の独立回復後に日本政府は「取り消す」ことが可能だったと解釈できる。しかし、日本政府はそれをしなかった。そのため現在まで、憲法は日本の最高法規として君臨してきているんだよね。独立回復時から五年以内に、「取り消」していれば、成立時にさかのぼって、憲法はなかったことになる。すなわち、無効というわけだ。これが「無効論」。しかし、取り消さなかったから、結局、有効となってしまった。これが「無効有効論」です。

さて、問題はどう改正するかです。多くの改憲論者は九条にこだわっているが、それは当然としても、だじゃれじゃないが、前文を全文削除してほしい。九条にも困ったもんだが、しかし、解釈改憲で何とかやってきた。だが、前文は、「日本は悪。日本以外は善」というとんでもない思想が書き連ねてある。日本の憲法自身が日本を貶めているんだね。

ちょっと見てみましょう。

「平和を愛する諸国民の公正と信義に信頼して、われらの安全と生存を保持しようと決意した」

日本の法律で「愛」が初めて登場したのが現憲法なんだそうです。

それはさておき、どうです、ひどいでしょう。何といっているか。日本以外の諸国の人々は平和を愛しているから、日本は彼らの公正と信義を信頼して、自分の安全と生存を維持することにした、といっているんです。北朝鮮も中国もイスラム国もみな公正で信義なんですよ。それが日本の安全保障の前提なんですよ。世界で日本だけが悪い、あるいは悪かった、ということですな。

これほど日本と日本人をバカにした文章はない。いくら占領下で強迫下でもひどすぎる。こんなものを唯々諾々と押し頂いた、当時の幣原喜重郎首相以下の閣僚や議員を私は軽蔑するし、独立回復後に経済成長を優先して、日本と日本人の名誉を守ろうとしなかった当時の吉田茂首相以下の閣僚、議員も軽蔑するね。

もう少し読んでみようか。

「われらは、平和を維持し、専制と隷従、圧迫と偏狭を地上から永遠に除去しようと努めている国際社会において、名誉ある地位を占めたいと思ふ」

日本は国際社会の中で名誉がない、だから名誉ある地位を占めたい、というわけですよ。でもね、長年、アジア、アフリカを植民地支配し、あるいは共産主義の旗の下、人民を弾圧してきた国々は、それこそ専制と隷従、圧迫と偏狭の権化、本家本元ですよ。

GHQの中核を占めた米国はいまだに人種差別問題で、暴動が起こっているし、英国の植民地支配は圧迫と隷従のみ。フランスなんか搾取しまくりだよ。そんな彼らにどんな名誉があるっていうの。そんな名誉ならいらないね。

憲法改正の条文の検討に入る前に、何としてでも前文の削除と無効宣言をしてほしいですな。それこそが日本を守る前提ですよ。

朝日新聞・二（平成二十七年五月号）

昨年十月号の本稿で「朝日新聞」をタイトルにしたが、朝日新聞がまったく反省していないように見えるので、もう一度取り上げます。朝日の紙面が懲りていないのももちろんですが、あの虚報を「反省」しているはずの朝日の従業員ですら、モノの本質が分かっていないようなので、取り上げざるを得ないんですね。

私が驚いたのは文春新書の『朝日新聞』です。同書はことし一月二十日に発売され、五日後には二刷が出たから、そこそこ読まれているんだと思う。筆者は「朝日新聞記者有志」になっていて、匿名ですが、ひとりだけOBが実名で書いている。その人は朝日の著名なコラムニストの息子、すなわち二世。朝日の入社試験は倍率が高いことで知られるが、息子を入社させると、痛くもない腹を探られるのでは、と思うが、そんなことは平気だったのかな。

ま、それはともかく、全般にただよう論点は、朝日が大企業病に冒されていて、自浄能力を失っていたこと、とくに今回は木村とかいう社長が、大局を誤ってしまって、問題が大きくなったことを指摘している。そして同社の収益、主な経営指標が細かな表となって巻末に掲載されている。自社のことをよく取材したな、という感じ。というより、自社の取材は難しいから、よくがんばって表まで出したな、と思う。

だが、いい面はここまで。慰安婦の虚報が長年にわたってなぜ放置され続けたかの本質的な把握はまったくできていない。

著者ははっきり書いている。

「朝日危機の本質はイデオロギーではなく企業構造にある」と。だが、これがまったくの間違い。いくら反省しても、本質が違っていては、同じことを繰り返すだけですよ。

朝日の誤りの本質はイデオロギーにこそあるのです。私は朝日の考えに全然同調しないが、彼らの考えは分かる。

「日本はとんでもない戦争をやって、日本人だけで三百万人以上が死に、国土は焦土と化し、原爆を落とされ、焼夷弾を落とされ、中国をはじめ、アジアの国々を侵略し、世界の平和を踏みにじった。この誤りを二度と繰り返さないためには、日本人の頭から戦前的なもの、軍事的なものをすべて取り除かなくてはならない。だから天皇、日の丸、君が代、安保、自衛隊に反対し、常に日本の過去の過ちを指弾して、反省し続けなくてならない」ということだと思うよ。だから、過去の日本を糾弾する中国や韓国には優しいんだ。ついでに原発も東電社員も悪、ということかな。

この前提があるから、慰安婦問題で、疑義が出ても、過去を擁護することになりかねない、として見直しをしない、という態度なんだ。日本が戦前のようにならないためには、真実が何かではなく、ひたすら悪行を暴露し、糾弾し続けなくてはならない、と考えているんだ。それこそが日本が平和国家として生きる道だと信じているんだろう。でも、戦争を煽った戦前戦中の朝日の記事の取り消しはいまだになされていないから、自社のことは免罪？

これには二つの誤りがある。日本は本当に悪行を重ねてきたのか、というジャーナリズムとしての真実追求の真摯な視点がないこと。もうひとつは、過去を糾弾していれば、日本は平和国家であり続けるという救いがたい妄想。

筆者がいう「朝日危機の本質はイデオロギーではなく企業構造にある」ではないことは明々白々ですな。私の感覚では、朝日新聞は憲法前文の思想にどっぷりつかっているだけだよ。それはジャーナリズムではなく、プロパガンダですよ。社内の出世競争を検証する前に、イデオロギーを検証すべきだろうね。

同書のサブタイトルには「日本型組織の崩壊」とあって、朝日の問題を一般化しようとしているけど、これは悪あがき。巻末の経営指標なんか何の役にも立たない。私がデスクだったら、ソク、全面書き換えを命じるね。

ドイツの反省（平成二十七年六月号）

三月にドイツのメルケル首相が来日、講演などして一部のマスコミがはしゃいでいましたが、その中にあいも変わらぬ「ドイツは反省をしたが、日本はしていない」論が多く見られましたね。はっきりいってうんざりです。どうしてうんざりなのか。

日本とドイツは第二次世界大戦でともに枢軸国として戦ったけど、両国はまったく異なるということです。何が異なるのか。それはドイツは犯罪国家で、日本はそうではないということに尽きるね。

日本はアメリカやイギリス、オランダに植民地にされていた国に攻め入り、その国の人ではなく、植民地にしていた米英蘭の軍隊と戦ったわけです。現地の人の中には日本軍に協力した人も多くいました。ドイツは独立国であるポーランド、オランダ、フランスなどに攻め入り、その国の軍隊と戦ったのです。ドイツがポーランドに攻め入ったときに、ポーランド人がドイツに身方したかね。

これだけでも全然違うと分かるよね。そして究極の相違。ドイツは戦争前からユダヤ人を弾圧、隔離収容し、大量虐殺を行ったということです。

ドイツに住むユダヤ人の国籍はドイツ人です。彼らは第一次世界大戦ではドイツ将兵として戦っているんですね。そのユダヤ人を虐殺したわけだけど、これは戦争の遂行とは関係ないんですよ。戦争犯罪とは戦争の遂行上行われる犯罪だから、アメリカの原爆とか、焼夷弾による非戦闘員虐殺こそが戦争犯罪なんです。ドイツのやったことは平時犯罪です。もちろん、平時犯罪は戦争犯罪より重罪です。捕虜虐待などの末端組織での犯罪も戦争犯罪だけど、原爆のような国家意思に基づく犯罪とは比べものにならないよね。

おっと、アメリカの話じゃない、ドイツだ。どうしてこんな国と同盟を結んだんだろう。日本外交の過ちは、犯罪国家ドイツと組んだことですよ。

ドイツは第二次世界大戦終了時、国家は崩壊していました。ドイツ第三帝国、いわゆるナチスドイツは終戦前になくなっていたんです。だから、降伏文書に調印したのはドイツ国防軍だけです。政府はなくなっちゃった。だからからか、いまのドイツ人は、悪いのはナチスで、われわれは被害者だった、なんて寝ぼけたことを言うんですよ。

ことし一月、九十四歳で亡くなった元大統領のワイツゼッカーさんは一九八五年の演説で「過去に目を閉ざす者は現在においても盲目だ」などと言ったけど、「われわれドイツ人は被害者」だなんて、どうみても過去に目を閉ざしているとしか思えないね。

来日したメルケルさんは「過去の清算は和解の前提」とか言って、日本の対中、対韓外交を念頭に置いた発言をしたようだけど、ドイツこそ、ナチスの清算をしたといい切れるのか。ギリシャから戦争賠償を求められているけど、犯罪国家、ドイツとしては、日本を仲間にしたいだけなんじゃないの。

さて、そこで、メルケルさん来日にはしゃいでいた新聞社に言いたい。ドイツは第二次世界大戦終戦までに存続していた大手新聞社を、米英軍の命令もあって、戦後すべて廃刊にしました。ナチスに協力したという理由です。連合軍の占領が終わった後も、復刊した新聞社はありません。あえていうと、戦争中の一九四三年にナチスによって廃刊にされたフランクフルター・ツァイトゥングが一九四九年にフランクフルター・アルゲマイネとして復刊したのが例外です。だけど、これはナチスに睨まれて廃刊したんだから、意味が違うよね。

現在、大手新聞の南ドイツ新聞は一九四五年十月創刊、ディ・ヴェルトは一九四六年の創刊、最大部数のビルトは一九五二年の創刊。週刊紙のディ・ツァイトも一九四六年の創刊、同じく週刊紙のディ・シュピーゲルは一九四七年の創刊です。すべて戦後の創刊だね。要するに戦前からの大手新聞はないのであります。

もうお分かりですな。日本とドイツが同じくらい悪いことをして、日本は反省が足りないという日本の新聞社のみなさん、それも戦前から連綿と発行し続けている新聞社のみなさん、どうぞ、ドイツに見習って、遅まきながら廃刊されてはいかがでしょうか。そして反省の実をみせていただきたいものです。

痛切な反省（平成二十七年七月号）

安倍首相が米議会で演説を行い、先の大戦について「痛切な反省」を述べ、議会は総立ちになって拍手を送ったようだけど、わたしとしては、いつまでこんな馬鹿げた茶番をしなきゃならないんだ、と思ったね。

そもそも日本が「痛切な反省」をするのは、勝てない戦争をしたこと、拙劣な作戦によって、死なななくてもいい将兵を多く死なせてしまったこと、民間人の保護ができず、焼夷弾や原爆により百万人以上の非戦闘員を犠牲にしてしまったこと、についてですよ。

あの戦争はまことに愚かな戦争ではあったが、悪の戦争ではない。あの戦争によって、アジアの国々は独立を勝ち得たし、多くの民族は解放されたんです。

アジアだけではない。アフリカも中東も、みなヨーロッパ列強に長いこと植民地にされ、搾取、収奪の対象にされ、人々は奴隷状態で塗炭の苦しみにあえいでいた。それが植民地から脱して、独立を果したのはあの戦争があったからですよ。

残念ながら戦争は負けたけど、アジア人たる日本人が、英米蘭の白人国と戦った実績は、アジア、アフリカ、中東の人々に勇気を与え、独立につながっていくんです。

オランダの苛烈な搾取にあえいでいたインドネシアでは、戦争中に日本軍に訓練された兵補と呼ばれるインドネシア人兵士と、戦後に残留した千人以上の旧日本軍将兵が力を合わせて、再び植民地にしようとしたオランダ軍と四年半にわたる激しい独立戦争を繰り広げ、ついに独立を勝ち取った。この独立戦争で、旧日本軍将兵は少なくとも四百人以上が命を落とし、ジャカルタ郊外のカリバタ国軍墓地にいまも眠っている。そうした反植民地の民族独立戦争まで、「痛切な反省」の対象になるんかね。

フランスが植民地にしたベトナム、ラオス、カンボジアでは、戦後長きにわたって悲惨な内戦が繰り広げられた。フランスの一切合切の収奪が、戦後の混乱を招く一因ともいわれる。

イギリスの植民地は少数民族による間接統治を行ったため、独立達成後、多数民族が少数民族を迫害するという悲劇が起こった。ミャンマーなどでは、いまもその後遺症に苦しんでいる。

いったい、「痛切な反省」をしなきゃならないのはどちら様なんでしょうね。

日本は真珠湾攻撃をするさいに、いかに民間人や民間施設に損害を与えないかに腐心した。

その結果、民間人の死者は五十七人とされている。そのほとんどは基地の従業員である。石油基地などは攻撃しなかったため、真珠湾攻撃の後も米軍は燃料の補給には困らなかった。こういうのを「宋襄の仁」というんですよ。石油基地を破壊しておけば、日本はもっと有利に戦うことができたのにね。紳士的すぎるでしょ。

その真珠湾攻撃を「卑怯な不意打ち」だといって、報復として広島、長崎に原子爆弾を投下したんだから、アメリカという国の恐ろしさは計り知れない。

そういうと、韓国は「我々は植民地にされた」と被害者意識をむき出しにするが、いまから百二十年前、李氏朝鮮末期に朝鮮を旅したイギリス婦人、イザベラ・バードが書いた『朝鮮紀行』にこんな一節がある。

「(朝鮮)政府の機構全体が悪習そのもの、底もなければ汀もない腐敗の海、略奪の機関で、あらゆる勤勉の芽という芽をつぶしてしまう。(略)日本は朝鮮式機構の複雑多岐にわたる悪弊と取り組み、是正しようとした。現在行われている改革の基本路線は日本が朝鮮にあたえたのである。(略)それはとがめられるべきことではない」(講談社学術文庫四七四頁)。

朝鮮の政治は搾取のみである、日本の統治下に入る方が朝鮮人は幸せである、とこの本でバードは言っているのであります。

被害者意識をむき出しにする前に、なぜ、朝鮮は千数百年にわたって停滞したのか、近代化から取り残されたのか、を「痛切に反省」して、将来の発展への糧にしてもらいたいものですな。

七十年談話（平成二十七年八月号）

間もなく八月十五日。昭和二十年に終戦の詔勅が放送されてから七十年を迎えますね。正式な終戦の日はミズーリ号上での降伏調印式が行われた九月二日ですが、まあ、それはそれとして、政府は七十周年ということで、首相談話を出すようです。そして、この首相談話をめぐって内外の声がかまびすしい。

安倍首相は、歴代政府の「謝罪と反省」の姿勢を踏襲するということで、「あえて同じ文言を使う必要はない」と言っていますが、中国は「アジア侵略、とりわけ中国侵略について謝罪とおわびに言及するのは当然」と言い、韓国に至っては、四月二十二日のアジア・アフリカ会議や四月二十九日の米議会での安倍首相の演説に「韓国への植民地支配への反省、謝罪がない」と騒いでいる。

そんなこんなで、七十年談話は内外の大きな注目を集めているわけですが、何かピントがずれている気がしますね。

どうピントがずれているのか。

日本は昭和十六年十二月から三年八ヵ月にわたって大戦争を戦い、最終的には二つの原爆を落とされ、焼夷弾などの空爆で主要都市は廃墟となり、百万人以上の非戦闘員をふくむ三百十万人以上の犠牲者を出し、刀折れ矢尽きて負けたのです。それから七十年ですよ。その首相談話ですよ。だったら、まず、日本国民に向かって語りかけるのが筋ではないだろうか。アジアを侵略したかどうかの議論をする前に、三百十万人以上の犠牲者とその遺族、子孫に対して、政府としてどう考えるかを語ってこその談話じゃありませんか。それこそが日本政府があの戦争をどう考えているかの証しになると思いますね。

まずは昭和十二年の支那事変勃発後の世界情勢を分析し、やむにやまれぬ気持ちから真珠湾を攻撃し、マレー半島に上陸して米英蘭との戦争に突入したが、成算もなく、終戦のメドももたない開戦でありました。その上、拙劣な戦争指導によって多くの戦死者を出し、特攻隊まで編成し、国土は焦土と化し、目的を達することなく敗北したということに対して、政府として、首相として、国民にわびることがまず求められているのではないですかね。

しかも、敗北の結果、多くの固有の領土を失い、他民族に七年近く国土を占領され、憲法を押しつけられ、政治を壟断され、国権を失ったわけだから、その屈辱についても謝罪をしなくちゃいかんだろうね。にもかかわらず、日本は廃墟から立ち上がり、現在の繁栄を築いた。それについても何らかの言及があってしかるべきでしょう。

私が首相なら、七十年談話は次のような内容にしたいと思いますな。

「国民の皆様、支那事変以降の米英によるはなはだしい内政干渉、理不尽で一方的な経済制裁などによって、堪忍袋の緒が切れたとはいえ、政府はまことに愚かな戦争を行い、皆様に多大な苦痛を与え、犠牲を強いました。申し訳ありませんでした。しかも、戦勝を獲得するに至らず、敗戦の憂き目に遭い、他国による七年近くの屈辱的な占領を許してしまいました。申し訳ありませんでした。しかも政府は戦死者、遺族、戦災被害者にほとんどまともな補償をしないままできました。ことばもありません。にもかかわらず、わが勤勉で優秀な国民は、血と汗の努力により、平和で豊かな国家を築いて参りました。これは世界に誇れることです。また、あの戦争の結果、アジア、アフリカの多くの植民地が欧米列強の悪辣なる植民地から解放されたことも、われわれの誇るべきことでしょう。愚かな戦争ではありましたが、決して悪の戦争ではありませんでした。その戦争の犠牲になられた方々に敬意を表し、感謝の誠を捧げ、再び、国土が占領されたり、国権を失うようなことのないよう、政府は全力を尽します。犠牲になられた方々、どうか安らかにお眠り下さい。そして国民の皆様、政府にお力をお貸し下さい」。

首相よ、まずは自国民に談話を発しましょうよ。

十八歳選挙権（平成二十七年九月号）

公職選挙法が改正され、来年から施行されることで、十八歳と十九歳の人にも選挙権が与えられることになりましたね。

改正公選法が成立した日は新聞もテレビも七十年ぶりの選挙年齢の引き下げをにぎにぎしく報道、とくにテレビは高校生にインタビューまでして、はしゃいでいました。政治についてクラス討論する高校などが紹介され、インタビューに登場する高校生はみな賢そうで、「政治が身近になる」「自分たちも政治に参加する自覚をもちたい」などと優等生的発言をしていましたが、水をさすようで悪いが、多くの高校生は政治や選挙に関心がないと思いますね。

だいたい、なんで十八歳から選挙権を与えるのか。私にはまったく理解できない。

政府は、投票率が年々下がっているので、若いうちから政治に関心をもってもらうことが目的だと説明しているけど、説明になっていない。

確かに投票率は下がっている。昭和四十二年の総選挙の投票率は七十二パーセント。有権者の七割以上が投票したわけだね。しかし、昨年十二月の総選挙の投票率は五十三パーセント。有権者の半分は棄権したのです。確かに投票率は下がっている。めちゃくちゃ下がっている。

では年代別ではどうだろう。

二十代の投票率でみると、昭和四十二年の総選挙の投票率は六七パーセント、全体が七十二パーセントだから、そう変わらないよね。だけど、昨年の総選挙では二十代の投票率はなんと三十三パーセント。二十代の三分二が投票には行かなかったんですな。どうしてだろう？

答えは簡単だ。政治に興味がないからです。ではなぜ政治に興味がないのか。私見によれば、その答えは二つです。

一つ目は日本の政治は爛熟してしまっていて、誰が当選するか、しないかといったレベルでは政治そのものが動かなくなってしまっている、ということです。国会議員は、所属政党の指令に基づいて法案に賛成したり、反対したりするだけで、個人としての政策能力が問われない。だから、誰でもやれる。有権者は立候補者の能力や力量、可能性に投票しているのではなく、所属政党に投票しているんですよ。そんな選挙に魅力があるわけないよね。

二つ目は政治家のレベルが余りに低く、高校の生徒会選挙のレベルにも達していないからですよ。自分より能力のない人にどうして投票する気になれるだろう。

二世、三世当たり前。選挙区のことなんか何も知らない。地元では父の代からの大番頭がすべてを仕切っていて、代議士は言われた通りに動けばいい。だから、大々的な選挙違反が行われても「知りませんでした」で不起訴。こりゃあんまりだと、検察審査会に申し立てが行われるほどだ。

かと思えば、自民党代議士の夫が亡くなって、弔い合戦で当選した夫人が、年下の代議士と街中でいちゃいちゃラブラブ。ばかばかしくて涙も出ない。党はなぜこんな者を除名しないのかね。自民党だけじゃないよ。あっちこっちでラブゲームだよ。国会は出会い系サイトなのか。除名した党もあった。病気と称して国会を欠席しておいて、実は知人男性と旅行に行っていたことがばれた女性議員。こちらは所属政党から除名されたけど、本人は反省のようすもなく議員を継続。なぜ国会は議員資格を剥奪しないのかね。

衆議院は小選挙区制、こんな者どもが保守政党から立候補してきたら、投票する気になるわけがないだろ。といって共産党にも投票したくないし、って人が投票所に行かなくなるのは道理だ。

改正公選法は全会一致で可決されたけど、それは素晴らしい内容だからじゃないんだよ。成立することが目にみえているのに、反対したら、十八歳、十九歳の新有権者に嫌われるんじゃないかと恐れるからなんですよ。なんとも締まらない全会一致じゃありませんか。

はっきりいうけど、来年の参議院選挙は十代の投票率は二十代の投票率をさらに下回って、全体の投票率を一層押し下げることになること請け合いだね。

徴兵（平成二十七年十月号）

安保法案―。賛成派は「平和法案」と呼び、反対派は「戦争法案」と呼んでいるようですが、とにかく安保法案に関する議論がかまびすしい。

国会の周辺に「戦争法案反対」を叫ぶ人たちが集まり、中には若者もいて「戦争に行きたくない」と叫んでいるそうな。戦争に行きたくないのは誰でも同じだと思いますが、彼らは安保法案が通過すると徴兵制が実施されて、自衛隊に入隊させられ、無理矢理戦場に連れて行かれると思っているらしい。

では、なぜ安保法案が通ると徴兵制になるのか。彼らの理屈は、「戦争法案が通ると、自衛隊は戦争をすることになり、そうすると、戦争に行きたくない自衛官が大量に辞めるので、隊員が不足することになり、それを補うために、徴兵するしかなくなる」というもののようです。

だけど、これは誤解、曲解というより、悪意のあるデマコーグだね。

自衛隊はかつて隊員不足に悩まされた時代があった。自分の名前すら満足に書けないレベルの隊員もいたらしい。員数を集めるためには背に腹は代えられなかったということかな。

私の記憶では平成九年の陸上自衛隊の新隊員（新兵）募集で、九州で初めて大卒が試験に落ちたんだって。それを聞いた陸幕が泣いて喜んで祝杯を挙げたというんだね。なぜって、大卒が落ちたということは、すべての新隊員が、字が書けるレベルに達したということだから。

だが、自衛隊の認知度も上がり、長引く不況のお陰もあって、いまは募集に難儀するということはほとんどなくなっているんだとか。それよりも、せっかく入隊した新隊員が任期の二年で辞めてしまう方がよっぽど悲しいんだそうな。

どうしてかというと、いまの自衛官は、ハイテク兵器を使いこなせなければ務まらないんだそうで、ＩＴ化された装備を操るには、二、三年の訓練ではとてもじゃないが、足りないんだって。だから、二年の任期の後も辞めないで、曹（下士官）の階級になるぐらいまで訓練、教育を受けて、ようやく自衛官として十分な仕事ができるようになるんだとか。曹になれば、そのまま自分の生涯の仕事として、自衛官の道を歩んでいく人がほとんどだという。

戦前の日本の徴兵制は平時、陸軍が二年（実質は一年十ヵ月）、海軍は志願だった。いまだに徴兵を実施している国もほとんどが一年半から三年だね。だけど、徴兵の問題点はレベルに関係なく採用せざるを得ないことなんだ。

いまの自衛隊はレベルに達していなければ不採用となるけど、徴兵だとそうはいかない。しかも現在の二十歳人口は約百二十万人。仮に戦前の平時のようにクジで新兵を補うとしても数万人のさまざまなレベルの新隊員を二年間だけ訓練することになる。これは自衛隊としては迷惑以外の何ものでもない。

要するに自衛隊にとっては徴兵による新隊員はノーサンキューなんですよ。

政府は徴兵をしない理由として憲法一八条の「何人も奴隷的拘束を受けない。意に反する苦役に服させられない」に抵触するからとしているけど、これって最低最悪の説明だよね、国防の任に就くことを「奴隷的拘束」あるいは「苦役」だと言っているわけで、自衛官をバカにし、国防を貶めているよね。政治家は一カ月ぐらい体験入隊したらどうかね。

現代の戦争というのは、戦前のように銃を撃ち合ったり、手榴弾を投げたり、といった「コンバット」の世界ではないんだよ。艦船、航空機はもちろん、戦車、野砲、高射砲、みなハイテク、コンピューター、情報・通信、分析の世界だ。行進と銃の撃ち方だけを教わって「ハイ卒業」の徴兵では何の役にも立たない。

いま、徴兵反対と言っている人たちは、現在の戦争の在り方と自衛隊の任務内容をまったく理解していない。多分、理解する気もないんだろう。そういう人たちに安全保障について論じてほしくないよね。

十八歳飲酒喫煙（平成二十七年十一月号）

本欄九月号で、選挙権を十八歳から与えることについて、「何の意味があるんかいな」と疑問を呈したのですが、もっと呆れたことが起きました。自民党の「成年年齢に関する特命委員会」とかいう、総裁から委嘱された委員会が、とんでもない提言を行ったんです。なんと、選挙年齢を引き下げることにともなって、公職選挙法だけではなく、民法の成人年齢も十八歳に引き下げ、これに合わせて未成年者飲酒・喫煙禁止法も改正して酒もタバコも十八歳からＯＫにしようということを提言したんです。

こんなバカげた、ふざけた、とんでもない提言を自民党の国会議員がしたんですよ。こういうのを烏滸《おこ》の沙汰という。委員長は今津寛とかいう衆議院議員だそうだが、この日本を亡ぼそうとしているとしか思えない。

高校を卒業すると、大学生であろうと、社会人であろうと、現実にはまだ十八歳でも酒を飲んだり、タバコを吸ったりする者は少なくないし、それを社会的にとがめる風潮もあまりない。高校生までは飲酒喫煙は犯罪として非難の対象であり、取り締まりの対象だが、高校を卒業してしまえば、警察も厳しく取り締まることはしないようだね。

確かに高校を卒業した時点で、年齢は満十八歳。だったら、十八歳から飲酒、喫煙を許したっていいじゃないか、という理屈もあり得るだろう。だけど、これはとんでもないことだ。

十八歳というのはまだまだ頭が柔らかい。そこに飲酒喫煙を自由に許したら、間違いなく身体に悪影響を与える。しかし、そこが主問題なのではないですよ。主問題は高校三年生である十八歳に飲酒喫煙を認めたら、十五、十六、十七歳の高校一、二年生も飲酒喫煙を始めるだろうということなんですよ。もちろん、高校は十八歳未満の飲酒喫煙を認めないし、十八歳になっていても校内での飲酒喫煙を禁止するところが多いだろう。しかし、街では高校三年生が、十八歳に達しているといって、制服で居酒屋でタバコをふかしながら酒を飲んでも、合法で誰も文句がいえない。本当に十八歳になっているかどうか、店の者が生徒証をいちいちチェックするのは大変だし、無用のトラブルにもなりかねない。それをいいことに、まだ十七歳の三年生も、二年生も一年生もタバコをくわえて酒を飲む、こうしたことが現実化する可能性がきわめて高いですね。となると、事実上の飲酒喫煙年齢は十五、十六歳になってしまうんだ。

こういう現実の社会の生態に敏感でないのに、法律を勝手にいじくってはいけない。おそらく、自民党の特命委員会のメンバーは、高校を卒業したての十八歳でも事実上、飲酒喫煙が許されているんだから、飲酒喫煙年齢を十八歳に下げても構わないと考えたのだろう。なんという浅はかな考えであることか。

この特命委員会のもうひとつの大きな勘違いは、選挙年齢を引き下げたら、他の権利義務年齢も同様に引き下げなきゃいけない、と思い込んでいたことですな。

選挙権は権利だけど、その年齢と飲酒喫煙、あるいは刑事罰の年齢は何らリンクしないんですよ。あえていうと、義務が課せられたら、その分の権利を主張することには一定の合理性がある。だけど、権利を付与したからといって、年齢によってさらなる権利を付与しなくちゃいけないなんてことはない。

特命委員会のメンバーの中には、飲酒喫煙を認めることに反対の委員もいたようだけど、賛成多数で提言を行ったということは、過半数の委員が法律に素人であるばかりか、社会常識からも大きく逸脱していることを証明したことになるね。

幸いに自民党本部では反対が大勢で、提言は却下されたそうだけど、こんなレベルの提言を平気で行う国会議員が自民党にかなりいるということは、本当に恐ろしい。絶対多数にあぐらをかいて社会常識から大きく外れた政策を行うと、六年前の民主党政権の二の舞になるよ。

ノーベル平和賞（平成二十七年十二月号）

去年も今年も日本人のノーベル賞受賞が相次ぎ、まことに嬉しいことでしたが、平和賞に限っていうと、私は今回、日本人がノーベル賞をとらないように、と祈っていました。候補に大江健三郎氏らが呼びかけ人になっている「九条の会」が挙がっていたからです。

九条の会というのは湾岸戦争を契機に、日本が戦争をしないために、憲法九条を守っていこう、という趣旨で発足した護憲団体だそうです。が、今回の安保法制法案反対でにわかに脚光を浴び、その余波でノーベル平和賞候補になったという噂がありました。

彼らは反米なんだろうが、そのアメリカが押しつけた憲法を金科玉条にするあたり、思想に整合性がない。多分、押しつけであろうが強制であろうが、「いいものはいい」と思っているのだろう。九条さえ守っていれば、日本は平和であると。だけどね、九条を守っていると、むしろ、戦争を誘発すると考えるのが、現在の国際社会の常識です。だから九条を守ることは戦争誘発、侵略に手を貸していることになる。尖閣を狙う中国やミサイルで脅しをかける北朝鮮は、九条の会の活動に内心、目を細めているだろうね。

そういえば中国はノーベル平和賞の代わりに、孔子平和賞なるものをつくったのだとか。中国の民主化指導者で人権活動家の劉暁波氏が二〇一〇年にノーベル平和賞に選ばれたことに憤って、これに対抗してつくったらしい。劉氏は民主化運動をして何回も投獄されていて、いまも投獄されている。すさまじい言論弾圧ですな。

自由や民主主義を認めない国家による平和賞って、悪い冗談でしかない。孔子サマもびっくり。もちろん、中国に都合のいい人物しか選ばれない。これまでにプーチンさんやフィデロ・カストロさんが受賞しているのをみても分かる。鳩山由紀夫さんや村山富市さんも候補になったというんだから笑っちゃうね。もっとも彼らは辞退したらしい。

今年のノーベル平和賞はチュニジアの平和団体が受賞したとか。これはこれで素晴らしいが、これまでの平和賞には首をかしげるものが多い。

沖縄返還の佐藤栄作氏はご愛嬌としても、一九九〇年のゴルバチョフ氏は共産党独裁をやめたからなのかな。一九九四年のアラファト、ペレス、ラビンの三氏はケンカを中止したからかな。でもイスラエルとパレスチナはまたケンカしてるよね。二〇〇〇年の金大中氏は、北朝鮮を訪問したからなのかね。北を改心させたら平和賞、というなら分かるけど、訪問したことのどこが平和賞なんじゃ。二〇〇九年のオバマ大統領も核兵器をなくすといって平和賞。沙汰の限りですな。

要するに政治家にノーベル平和賞を与えることは、ハク付けにしかならない。やめた方がいい。

だが、日本にどうしてもノーベル平和賞を与えたい団体がある。それは「北朝鮮による拉致被害者家族連絡会」（飯塚繁雄代表）です。

ご承知の通り、この会は横田めぐみさんの父の横田滋さんが声をあげて始めたものです。会を作るとき、拉致の証拠がないとか、拉致された人がどうなるか分からないとか、さまざまな雑音のなかで、自分たちの愛する家族を、普通の人々が、あの独裁野蛮国から取り戻すために、それこそすべてをなげうって取り組んできました。小泉内閣のときに、数人の被害者とその家族を取り返しはしましたが、あれから十年以上たっても何も進展もない。一体、政府は何をやっているのか。安倍内閣の最優先課題とかいってるけど、担当大臣は毎年交代。北への制裁も緩和したままだし、朝鮮総連本部の処分などの絶好のカードもみすみすどぶに捨ててしまった。

政府にやる気があるとはとても思えない。日本国政府は日本国民を守る気があるのだろうか。アメリカは家族会にニコニコはするが、それ以上のことは何もしない。となればノーベル平和賞を家族会に差し上げて、国際世論を喚起していくしかない。

来年は何としても拉致被害者家族会にノーベル平和賞を！

世界記憶遺産（平成二十八年一月号）

南京事件に関する資料がユネスコ（国連教育科学文化機関）の世界記憶遺産に登録されましたね。ユネスコに申請したのは中国です。中国は同時に慰安婦に関する資料も申請しましたが、こちらは却下されました。

中国が申請したのは一昨年の三月です。だが、そのとき、日本政府は何も対策をとらなかったようだね。逆に中国はユネスコの登録委員会のメンバーに接近し、登録に向け、陰に陽に「働きかけ」をしていたんだそうな。委員会が開かれた十月には中国側の関係者が委員のひとりにお土産を渡した姿が目撃された、なんて報道があるくらいだから、人の見ていないところではどんな「働きかけ」が行われたかは分かったもんじゃない。

申請に対して、日本が動き出したのはなんとことしの夏からだそうですよ。一昨年三月の申請時から一年半も手をこまねいて、というか何の関心も示さずに傍観していたということのようだ。その点について「明治の産業遺産群」の世界文化遺産への登録に全力を挙げていたため、記憶遺産にまでは手が回らなかった、と言い訳しているらしい。だが、よく考えてもらいたい。世界文化遺産はことしだめでも来年を期すことができるが、ありもしなかった南京事件を登録されたら、その汚名を晴らすことは容易ではない。子々孫々までわれわれ日本人はでっち上げの冤罪事件の犯罪者として、国際社会から軽蔑され続けることになる。ドイツのホロコーストのように実際にやったことなら、いつまでも軽蔑されても仕方がないが、やっていないことで貶められるのはあってはならない。それを何も対策をとらなかったというんだから開いた口がふさがらない。

昭和十二年七月に始まった支那事変は同年十二月に日本軍が中華民国政府の当時の首都であった南京を攻略して大きな節目を迎えた。その際、三十万人もの一般市民が日本軍に殺された、というのが中国側の主張ですが、当時の南京には市民は二十万人しかいなかったんですよ。それをどうやって三十万人殺せるの？　しかも、日本が南京を攻略してから、逆に南京の人口は増えているんだと。日本軍が治安維持に当たったために、逃げていた市民が戻って来たということらしい。もともと南京には百万人が住んでいたけど、戦争を恐れて八十万人が逃げ出したんだ。その一部がもどってきたんだ。南京市民からみたら、南京以外の出身者で編成された国府軍の兵士に略奪や暴行を受けていたから、日本軍の占領によって治安が回復し、それを喜んだのかもしれないね。多くの南京市民が、駐屯した日本軍を歓迎している、そんなニュース報道が当時の東京朝日新聞や東京日日新聞には載っている。朝日や、日日の後輩である毎日新聞が、記事を取り消したという話を聞かないから、記事の信憑性には自信があるのだろう。

それはともかく、外務省の遅すぎた、かつ生ぬるい対応によって、日本はまたしても不名誉な濡れ衣を着せられた。真珠湾攻撃に際して、宣戦布告文の手交後れで「だまし討ち」とされたのと同じような失態だよね。

外務省のこの緊張感のなさは一体何なのだろう。この官庁は本当に必要なんだろうか。

日本政府は登録されたことに衝撃を受け、新任の馳文科相をユネスコに派遣し、ボコバ事務局長に抗議し、事務局長は「決定の透明性を高めたい」とのたもうたそうで、文科相とにこやかに握手をしている映像がニュースで流れた。だが、握手なんかしている場合じゃないよ。まずは登録の取り消しのためにあらゆる手段を講じること、そして、登録を許してしまった外務大臣、副大臣、政務官に辞表を提出させ、議員もやめさせること。外務事務次官、国連を担当する外務省総合外交政策局長、同局国連企画調整課長、それと国連大使を懲戒免職処分にすること。仕事をしない者、仕事のできない者、日本の顔にドロ塗っている者に税金から給与を支払う必要はない。

言論弾圧（平成二十八年二月号）

韓国政府のヒステリー状態が際立っていますね。

産経新聞の前ソウル支局長のネットでの記事にいきり立って、前支局長を起訴した段階で、韓国政府は大統領に関するネガティブな報道はすべて「弾圧」の対象にしていると考えざるを得ない状況になりました。要するに時の権力者を批判することは許さない、ということで、極端にいえば全体主義国家となったわけです。

なぜ自由主義や民主主義が尊ばれ、全体主義がいけないのか。その理由のひとつは、批判の自由が存在しなければ、有権者は候補者を公平に選ぶことができないからで、民主主義をやるなら自由主義は必須なのです。権力者は、情報を自由に得られる環境にある有権者の審判によって選出されなければならないからです。

自由主義のなかでも言論の自由は、国民が主権者である以上、絶対譲れない一線です。それを韓国政府は、どこまで自覚しているかは知らないけど、実にやすやすと破ってしまった。

「弾圧」を受けたのは産経の記者で、産経新聞がこれまで朴槿恵政権にとって耳の痛いことを報道してきたことへの「報復」ではないか、と考えられました。

ところがところが、今度は韓国の世宗大学の韓国人女性教授が起訴されてしまったんだね。こりゃ、ホントに驚いた。韓国政府はついにここまできたか―。

朴裕河教授はなぜ起訴されたのか。彼女が執筆した慰安婦問題に関する著書『帝国の慰安婦』が問題なんだそうですな。朴教授によると、同書は学術書で、慰安婦がどういう経緯で慰安婦になったのか、どういう処遇を受けたのか、などを史料にもとづいて考察、強制連行という国家暴力が朝鮮人慰安婦に関して行われたことはない、との見方も示したという。

韓国の検察によると、慰安婦の動員はすべて日本による強制によるもので、慰安婦だった人に対する名誉毀損、ということで起訴したんだとか。

学問の自由も何もない。まったく何をかいわんやだね。

慰安婦には韓国人も日本人もいた。彼女たちはそれぞれの事情で慰安婦にならざるを得なかった。それを考察したことが起訴の対象になるわけだから、韓国はもう暗黒国家といっていいかもね。言論の自由に関していえば、政権批判、権力者批判、韓国政府が認定した歴史認識に抵触する内容は起訴の対象となるわけで、北朝鮮なみだよね。「南朝鮮民主主義人民共和国」なんていわれるんじゃないかと心配になる。

日米韓の学者やジャーナリストらが抗議声明を出しているけど、韓国政府は自分たちがやっていることが分かっているのだろうか。

言論の自由といえば、神奈川県のどっかの市の市議会議員が、ツイッターで「同性愛は異常動物」というような書き込みをして問題になったそうですね。いくら同性愛に対する嫌悪感や不快感があったとしても「動物」呼ばわりはいけないよね。指弾されても仕方がない。非難を受けてくだんの市会議員は「表現にいき過ぎがあった」と認めたけど、ツイッターそのものの撤回はしないとのことだ。その理由として彼は「マスコミは異常な人間の行動を正当化するな、ということが本来の趣旨であるからだ」としているそうですね。

私は思うんだが、ツイッターまでもが「適切な表現」云々で、非難されるべきなんだろうか。個人の「つぶやき」まで監視の対象にして意味があるんだろうか。もちろん、良識の問題はあるだろうけど、ネコも杓子も「表現の行き過ぎ」という錦の御旗を掲げて、眼を皿にして「魔女狩り」をやっていないだろうか。

差別はいけない。とくに自分の意思ではどうにもならないことを根拠に差別することは絶対に許されない。でもそのあまり、言論がどんどん萎縮するのは、全体主義への道ではないのか。同性愛に対する嫌悪感や不快感について一切語ってはならない、となったら、それは韓国政府なみの立派な言論弾圧ではないですかね。

水爆実験（平成二十八年三月号）

北朝鮮が水爆の実験をしたとはしゃいでいますね。しかし、日米韓の専門家に言わせると、水爆にしては規模があまりに小さいので、原爆ではないか、ということらしい。

私の推測だけど、金正恩第一書記が、何か自分なりの軍事的な功績がほしくて、「水爆を作れ」と科学者に命じたんじゃないの。「それは無理です」なんて正直にいおうもんなら、待っているのは公開銃殺だから、「ハイ、分かりました」と作るマネをしたんだろう。でもできない。矢の催促を受けて、仕方なく「水爆ができました」とウソの報告し、それを真に受けた彼が昨年十二月十日に「わが国は水爆の爆音を響かせる強大国になった」といっちゃった。そしたら世界が「ホントかいな」と疑ったので、一月八日の誕生日を前に、「実験して世界にみせてやれ」ってなことになって、原爆を爆発させて「水爆です」と発表したんじゃないの。

専門知識を持たない裸の王様の独裁国家で生き残るには、とにかく王様を、いや金様を喜ばせ続けなければならない。実際に金様の指示に「それは無理です」と言った科学者が処刑されたという話もある。

幸い、金様はウソを見抜く知識がないから、北の専門家は胸をなで下ろしているだろう。胸をなで下ろすどころか、勲章もらって、超高級マンションに住まわせていただいているかもしれない。知らぬは金様ばかりなりだ。自分の命さえ守れれば、国際社会が何といおうと知ったことじゃないよね。

しかし、たとえ実験したのが原爆であっても脅威には違いない。韓国は反発して宣伝放送をするし、北はそれにさらに反発して非武装地帯近くの部隊を増強している。アメリカはB52をソウル上空に飛ばした。北は何とかに刃物の国だから、何が起こってもおかしくない。

だがね、一体いつまでこんなことを続けているんだろ。

北が核実験をする。国際社会は非難する。そこそこの制裁もする。北は怒って六カ国協議をやめる。各国がなだめる。北は少し大人しくする。すると北にご褒美を上げる。だが、しばらくするとまた核実験をする。あるいは韓国の島を砲撃する。するとまた各国が非難し、北はしばらく鳴りをひそめる。だが、また…。

悪さをしては叱られ、それにむくれ、やがて大人しくしてご褒美やもらい、ご褒美を食いつぶしたら、また悪さをする。その繰り返しではありませんかね。北からすれば一歩後退二歩前進なんですよ。もうこの愚かな連鎖を断ちましょうよ。

まずはアメリカが北を甘やかすのをやめることだ。イラクには大量破壊兵器があるはずだと兵を送ったのに、北が核兵器を持っていると称し、核実験をしているにもかかわらず、何の行動もとらない。石油の出ないところには関心がないということかな。それとも北が核兵器を使用する国は日本か韓国だから、アメリカはどうでもいいと思っているのかな。そんな暢気なことを言っている間に、北はアメリカに届くミサイルやロケットを着々と開発しているよ。

北は水爆だと言っているのだから、明らかな国際法違反、国連決議違反。アメリカは核実験を行った施設や核関連施設をピンポイントで空爆したらどうですか。かつてのリビアのように北は本当に大人しくなりますよ。それで核の脅威はなくなります。それとも北の脅威がなくなると、アメリカは日本や韓国をいいなりにするスベを失うと思っているのか。

北朝鮮問題のたったひとつの解決策は北朝鮮がこの地上から姿を消すことだ。そうなれば、奴隷状態にある北の人々を解放し、拉致被害者を救い出せる。そして日本や韓国に対する脅威を除去できる。八方丸く収まるでしょ。

二十世紀の世界の汚点はナチス・ドイツ、スターリンのソ連、中国の文化大革命、カンボジアのポル・ポト、二十一世紀の汚点はＩＳ。二十世紀と二十一世紀にまたがる汚点は北朝鮮だ。それを消滅させることは「平和を愛する諸国民の公正と信義」じゃないですかね。

弾道ミサイル（平成二十八年四月号）

一月の水爆と称した核実験に続いて、北朝鮮が長距離弾道ミサイルを発射しましたね。傍若無人とはこのことです。

北は打ち上げたのはミサイルではなく、衛星だと強弁していますが、大気圏を越えて地球の周りを回っている物体からは何の電波も出ていません。要するに衛星としての機能はゼロのわけで、こういうのを普通は宇宙ゴミといいます。いずれは力尽きて大気圏に再突入し、燃え尽きるんでしょう。燃え残って地球に落下したら大迷惑ですけどね。

ミサイル発射に関して、国際社会は何もできませんでしたね。何と異常なことでしょう。世界最貧国が国連決議を無視し、脅威をばらまいているのにもかかわらず、軍事的にも経済的にも世界最強のアメリカが何もできない、いや何もしない、というのはどういうことなんですかね。オバマ君は口で非難するだけ。言うだけ番長だよね。

中国は北朝鮮に自制を呼びかけたそうですが、まったくのシカト、無視。メンツを重んじる中国はさぞ立腹して強力な制裁をするかと思いきや、小さい声で非難声明の尻馬に乗るだけ。一体どういうことなんですかね。

国連は安保理で非難決議をしましたが、北朝鮮は痛くも痒くもない。日本も独自の制裁を強化しましたが、これも痛くも痒くもない。もし、本当に痛かったり痒かったりすれば、核実験も弾道ミサイルもやらないでしょう。

要するに、北にとっては織り込み済みなんですよ。だからこそ、拉致被害者の家族の会の横田早紀江さんらが、加藤拉致担当相に会って、「北が本当に困る制裁を」と訴えたわけです。でも政府は「本当に困る制裁」ができない。その言い訳で、拉致問題が進展しなくなることを懸念する、なんて言い出す。じゃ、いままで拉致問題でどんな進展があったのかね。

国会は満場一致で非難決議をしたけど、北朝鮮労働党の友党である社民党や、かつての同志である共産党は、これまで何をやってきたのか。これから何をやるのか。北朝鮮に行って、私を拉致してくれ、その代わり拉致被害者を返してくれ、とでも言ったらどうですかね。

政府も国会も北朝鮮のことが分かっていない。

北朝鮮の国家目的は何だと思いますか。それは体制の存続です。それだけです。いまの金世襲体制が存続することが国家の最大目的なのです。

ではどうして崩壊しないのか。それは平壌に住む二百万〜三百万人を、それ以外の二千万人が支えるシステムになっているからです。だから、平壌市民はケータイを持ち、まともな服装をしているんです。でも一歩平壌を離れたら、そこは地獄です。平壌市民を喰わせるためにボロボロになって働き、飢えている人々の苦界です。一割の貴族を九割の奴隷が支えている国なんです。平壌だけ見ても北のことは分からないんですよ、社民党さん。

だから「本当に困る制裁」とは、体制を破壊させかねない制裁のことです。

メンツを潰されても、北が存続することが中国にとってもまだまだメリットがあるし、崩壊されると困るから、中国は口だけで非難なんです。それを知っているから北は中国を無視できるわけね。

韓国も同じです。北が崩壊して最も困るのは韓国です。韓国の二人で北の一人を喰わせなきゃならなくなるから、自分たちの生活が崩壊しかねない。だから、表では非難しても、崩壊させるわけにはいかないってわけよ。アメリカも一定の脅威がなくなったら、日本を守ってやっているぞ、と恩着せがましく言えなくなるし、日本への圧力もかけにくくなる。

みんなで支え合って、悪をはびこらせているわけですよ。だから非難声明の何と空々しいこと。虚しいこと。

北朝鮮君、君のところは石油が出なくてホントによかったね。出てたら、いまごろとっくにアメリカに空爆されてるよ。

学校推薦（平成二十八年五月号）

最近、中学生の自殺が多くないですか。いじめが原因であるケースがほとんどだけど、学校が把握していないなんてこともしばしば。あるいは教師の姿勢や発言が中学生を追い詰める、という事件もありましたな。

だが、それにもましてというか、今回の広島県府中町の町立府中緑ヶ丘中学三年生の自殺事件は群を抜いてひどい。この事件に怒らない人はいないだろう。事件については多くが報道されているから、詳細は省くが、本質は、万引きしていないのに、かつて万引きしたと誤記、その誤資料をもとに進路指導をしたことにあるんじゃないですよ。もちろん、万引きしていないのに、したことにして、進路指導をしたことは許されないし、そのずさんさには目を掩いたくなりますがね。

じゃ本質は何か。二つあります。ひとつは万引きをしたか、しないかを学校推薦を出す、出さないの判断基準にしたこと。もうひとつは中学校が志望校への学校推薦を出すというシステムそのものです。

中一のときに万引きをしたと誤って記載され、その資料を担任が信用して進路指導の際に、「万引きの過去があるから、志望校への学校推薦は出せない」ということ自体がおかしい。自殺した生徒は中三だから、中一の秋に万引き事件があったとして、すでに二年半が経過している。仮に本当に万引きしたとしても、何らかの処分がされれば、その段階で、過去の犯歴はないことになる。それが健全な社会のルールだ。人間誰でも過ちはある。それをいつまでも持ち出して、相手の、それも中学生の人生に不利益を与えるのは、まともな社会ではないね。それは永久処罰主義だよね。一度でも悪いことをしたら、どんなに償おうと、一生、「犯罪者」のレッテルを貼られて生きていくことになる。そんな制度を広島県は採用しているってことだよね。

もうひとつの問題。

そもそもなんで高校入試に中学の学校推薦が必要なの？　学校推薦がなければ志望校を受験できないシステムってどういうこと？

高校は何のために中学校の推薦を要求するの？　学力をみるなら、学力試験で十分だろう。おそらく生活態度なんかを把握したいんだろう。だから、中学校に推薦という形で、問題のなさを証明してほしいんだろう。だから、万引きの過去があれば、償いをしてても、推薦は出せないということになる。そこには、問題児は入れたくないから、「中学さん、学校推薦の有無で教えてよ」という高校のずるさと、「学校推薦を出したんだから、合格させてよ」という中学側の甘え、双方の馴れ合いがあるんじゃないかな。

生活面に問題があるかないかを知りたいなら、高校は面接をやればいい。中学にゲタを預けるのは怠慢ですよ。中学としては、非行の事実があれば推薦しにくくなるから、高校はそこにつけ込んでいるわけですよ。高校さん、自分の学校に来たいという生徒の見極めぐらい、自分でやれよ。

要するに、中学も高校も学校推薦制度によりかかっているわけで、こんな制度を採用している広島県に問題があるわけですね。

生徒は学校推薦が欲しいから、教師にこびへつらうようになる。学校推薦のいらない一部の私立や、学校推薦なしで行ける学校に進む生徒はその分、荒れる可能性があるよね。結果として、こびへつらう生徒と荒れる生徒を生み出すシステムということではないか。

自分が行きたい学校に自分の実力で入ることが困難なシステムなんて、狂ってますよ。

何とも恐ろしい県ではありませんか。広島県はむかしから有数の教育県とされてきたが、どうも教育の意味をはき違えているらしい。府中緑ヶ丘中学は日本中から非難され、県の教育委員会は校長や担任を処分して、「一件落着」にするんだろうが、問題の根幹は県そのものにあるんですよ。何でももっと伸び伸びと育てられないんだろうね。

まともな広島県の児童、生徒諸君、一刻も早く、広島県から脱出することをお勧めします。

民進党（平成二十八年六月号）

いやはや言いも言ったり、付けも付けたり、ですな。何がって？「民進党」ですよ。民主党と維新の党が合併して、新しい党名にするというから、どんな斬新なネーミングになるのかと期待していたんですが、なんと台湾の第一党の名前じゃありませんか。

せっかく新しい名前を付けたけど、国民はあなた方に期待していないんですよ。というか、期待のしようがないんですよ。なぜかというと、何をもって政党となっているかが分からないからです。

たとえば、自民党なら自由と民主主義ですよね。社民党は民主的な社会主義というところでしょうか。共産党は共産主義ですよね。むかしに比べると、ずい分とヤワになったけど、本来は天皇も認めず、私有財産も認めず、の政党だったんですよ。民進党はどこに思想、政策の軸があるのか、まったく分からない。多分ないんだろうな。それじゃ期待のしようがないと言われても仕方がない。

ところで、このあいだ、東京・神田で「新社会党」の街頭演説を聞きました。懐かしかったですね。名前は「新社会党」ですが、中身は「旧社会党」ですよ。非武装中立なんて、何年か振りの登場でしたよ。神田でやるのもいいけど、ピョンヤンとか、ペキンとか、ダマスカスあたりでやってもらいたいね。そこで憲法九条の理念を説き、非武装中立の素晴らしさを伝えられたらノーベル平和賞もんですよ。

話がそれちゃった。そうそう民進党さん、新たな名前を付けると決まって、民主党側から出されたのが「立憲民主党」だったね。こりゃ笑った。なぜかって。

「立憲」というのは、憲法の規定にしたがって政治を行うという意味だけど、日本は明治二十二年に大日本帝国憲法が発布されて以来、GHQによる占領の一時期を除き、ずっと立憲政治をやってきました。だから、わざわざ「立憲」と銘打つのは時代錯誤。

「立憲」と名の付いた初の政党は立憲改進党と立憲帝政党で、憲法発布前の明治十五年のことだよ。次いで立憲政友会、立憲国民党、立憲同志会、立憲民政党などが次々と登場します。歴史上の政党だね。古色蒼然とはこのことだ。

とはいえ、維新の党も偉そうなことはいえないよね。元々は旋風を巻き起こした大阪維新の会にあやかって、党名を付けたんとちゃうんかい。自民党でも民主党でもないところに期待した人は多かったろうが、あっさり期待を裏切って、民主党とくっついた。

その維新の党が提案したネーミングが「民進党」ですよ。でも、ちょっと待ってもらいたいね。「民進党」というのは、ことし一月の選挙で大勝した台湾の政党の名前ですよ。本家の民進党の党首は台湾の総統(大統領)に間もなく就任します。本家本元の民進党に仁義は切ったのかな。

維新の会は結成時、大阪維新の会にあやかり、今度は台湾の政権党にあやかったってことですかな。いってみれば剽窃ということになるんでしょうか。自分の頭で考え、自分自身を表現する党名をどうして考えることができないのか。いつも人気者の看板を借りているんだよね。

民主党と維新の党が野合してできた「民進党」、国民はどうして君たちを信用していないかというと、鳩山、菅の両氏によるデタラメ政治への不信感がいまだに拭えないからですよ。しかも、ご両人ともまったく反省の様子はなく、ひたすら強弁、居直っている。

この際、民進党は、発足記念に、これまでの民主党とは違うところを見せる意味でも、ご両人を党の査問委員会にかけて、厳しく処分することですな。さすれば、あの醜悪だった民主党政権時代の印象が少しは薄れるかも。

そうそう、付け加えておこう。台湾の新総統、蔡英文さんが来日すると言ったら、中国の顔色をうかがって反対なんかするんじゃないよ。台湾の民進党は君らの野合、弥縫策の民進党と違って、三十年の歴史をもつ本物の民進党なんだからね。空港まで出迎えて「名前、タダで使わせていただいております」って土下座しなきゃね。

朝鮮労働党大会（平成二十八年七月号）

三十六年ぶりに朝鮮労働党大会が開かれましたね。ですが、予想した通りの展開でした。ニュースといえば、金正恩の肩書きが第一書記から党委員長に変わったぐらいのことで、実態は変わらなかったということです。

笑っちゃったのは金正恩が演説で「核拡散に反対し、世界の非核化の実現に努力する」などとのたもうたこと。「世界の非核化」をいうなら、核を作らなきゃいいんじゃないの。なのに核開発は続けるんだって。支離滅裂。

それはそれとして、今回の党大会で「やっぱり」と思ったのはその秘密主義だね。日米や欧州などから約百二十人の報道陣を受け入れておきながら、党大会がどこで開かれ、何日間の日程で行われるか、がまったく明らかにされなかった。大会が始まっても、報道陣は大会の取材はおろか、会場にすら入れなかった。入れたのは最後の十分だけですよ。

行く先も告げられずにホテルからバスに乗せられ、着いたと思ったら、ホテルに逆戻り、なんてことがあったり、希望もしていない電線工場や産院を見せられたり、記者団が「産院の取材に来たんじゃない」と愚痴るのもむべなるかな、です。でも各国の記者団は、直接、不満を言ったり、異常だと報道したりしたら、どんな目に遇うか分からないから、耐えているわけです。涙ぐましいよね。

でも、それも取材ですよ。北朝鮮は党大会の開催に自信がなかったんですよ。だから編集されたビデオでしか、金正恩の演説が聞けなかったんです。

ひょっとしたら、大会会場に勇気ある者がいて、「世襲反対」とか「張成沢をなぜ殺した」なんてヤジが飛んだら大変だものね。そういう勇気ある人は数時間後には八つ裂きにされるだろうが、世界のメディアを前にやったら党も金正恩も面目丸つぶれ、体制の崩壊につながりかねない。ま、そんな者はいないか。でも、金正恩が原稿を読み間違えたりしても困るよね。だから、報道陣はシャットアウトなんですよ。

電線工場も産院も北朝鮮が海外メディアに見せられるものは、その程度しかない、ということだし、同じ通りを何回も通るのも、それ以外の通りは恥ずかしくて見せられないからだろう、と勘ぐりたくなる。各社の辛抱に拍手ですね。

ところが、取材の最中に国外退去処分となったマスコミがあった。イギリスのＢＢＣです。北朝鮮の言い分は「事実をゆがめて伝え、尊厳を傷つけた」としているが、ＢＢＣのスタッフはホテルで八時間拘束されて尋問され、退去を言い渡されたんだそうです。ＢＢＣの記者は「報道内容が気に入らないからといって、記者を拘束し退去させていいと思っているのか」と怒っていましたが、まったくその通りですね。

北朝鮮は人類史上、どの国家よりも独裁で残虐で悲惨な国家であります。いわば、人類の汚点のようなものです。ウソだと思ったら、平壌を一歩出て取材してご覧なさい。地方の人民は平壌市民とは似ても似つかぬ奴隷的生活をしていますよ。取材の許可は出ないでしょうがね。

ＢＢＣについていえば、恐らく多くの市民にマイクを向けて、核問題についての考えを聞いたことが、当局の「怒り」を買ったのだろうね。北朝鮮は模範解答のできる「市民」を海外メディアが訪れる場所に配置して、準備万端と思ったのだろうが、質問の中身は想定問答を超えていたのかもしれない。それに驚き慌てた当局がＢＢＣを拘束し、退去を言い渡したんじゃないのかな。

そこで心配なのが、ＢＢＣの取材を受けた「市民」ですよ。もちろん、英語のできるエリートなんだろうが、受け答えに失敗したら、ただじゃ済まないよね。下手したら家族共々収容所に送られる。当局としては人々が本当のことを言うこと、本音を出してしまうことが何よりも恐ろしいのです。それだけ自信がないし、内実はメチャクチャということです。北朝鮮の人民のためにも、この国の体制は早く崩壊した方がいいね。

在沖縄米軍（平成二十八年八月号）

在沖縄米軍の軍属で元海兵隊員による、二十歳の沖縄女性への殺人、死体遺棄事件はひどいですね。直後に日本を訪れたオバマ大統領も沈痛な表情で「再発防止」を言っていたが、その矢先に今度は沖縄・嘉手納基地所属の米海軍兵が飲酒運転で傷害事件を引き起こした。女性殺人事件で沖縄の全米軍は「哀悼期間」中のはずだったんですがね。この海軍兵は十九歳の女性米兵と自家用車で沖縄・読谷村の別の米兵の自宅に行き、酒を飲んだ帰りだったという。二十一年前には海兵隊員ら三人よる沖縄の十二歳の少女への集団強姦事件も起きている。

一体、米軍の規律はどうなっているのかね？　私には沖縄の米軍がまともな軍隊とはとても思えない。規律が緩んでいるなんてもんじゃないよ。規律はないに等しい。彼らは沖縄に何しに来ているのか。万が一のときに日本を守れるのか。

日本は戦争に負け、アメリカから理不尽な憲法を押しつけられ、国内法的には軍隊ではない自衛隊が自国を守る最低限の武器を保有しているに過ぎない。しかし、周辺は世界第二の核大国、ロシア、いまや膨張主義に血道を上げるファシズム国家、中国。そして核、ミサイル、拉致の悪の三重奏の狂犬国家、北朝鮮に囲まれているんですよ。

こうした環境にもかかわらず、日本は残念ながら自分で自分を守り切ることができない。だから、一九六〇年に改定した日米安保条約によって、米軍に日本を守る義務を課し、何とか平和を維持しているわけですね。

ところがその在日米軍がどうみても犯罪者集団としかいいようのない状態だ。

そもそもどうして米軍には門限がないのか。あるいはあってても守らないですむのか。基地の外になんで米兵の自宅があるのか。兵隊が不祥事を起こしても上官は「再発防止」はいうが、謝罪はしないし、賠償もしない。まして処分もされない。米兵は基地から自由に外に出て何をやってもおとがめなし。これじゃ軍隊じゃなくて、大学のサークルだよ。

交通事故後、米海軍は日本全土での海軍兵の「禁酒」を言い渡したそうだが、飲酒が問題の本質ではない。ピントがずれているし、彼らが禁酒を守るとも思えない。

事件が起こると「綱紀粛正」だの「再発防止」だの言っているが、まったく効果がない。こんなでたらめな軍隊は、一九四五年八月の終戦前後に満洲を侵略したソ連軍以来じゃないかな。沖縄の抗議集会で、海兵隊の沖縄からの撤退が要求されたというが、ムリもない。こんなことでは地位協定も改定ではなく破棄ですよ。

海兵隊は沖縄だけはない、グアムなどでも女性がらみの事件を起こしたり、無銭飲食、暴力事件などがあとを絶たない。グアムの市民たちは海兵隊のグアム移駐に反対していますよ。

　七十一年前、日本は戦争に負けました。アメリカを始めとする連合軍は大東亜戦争後、A級、BC級の戦争犯罪を裁く軍事法廷を設置して千人に上る日本軍人、軍属を戦争犯罪人にしたてて処刑しましたが、いまのアメリカ軍に比べたら、当時の日本軍はきわめて紳士的な軍隊でしたよ。捕虜虐待などというのは、日本側も食う物のなかった状況で起こったことだし、民間人の殺害も戦時下における異常状況で例外的に起こったことです。

　戦争のない平和な環境で集団強姦をしたり、女性を殺したりなんてことはあり得なかったのです。

　今回の事態を真剣に受け止めているなら、アメリカ政府は沖縄に特別軍事法廷を設置し、東京裁判や横浜裁判と同様に、今回の犯罪者はもちろん、犯罪者の直属上官の将校、在沖縄米軍司令官、在日米軍司令官、太平洋軍司令官、国防長官、そして大統領を被告として裁くべきではないですかね。日本を守りに来ているはずなのに、危害ばかりを加えるなら、トランプ氏ではないが、日米安保条約なんかやめて、日本は核武装し、自分の国は自分で守るという次のステップに行かざるを得なくなりますよ。

野党共闘（平成二十八年九月号）

民進党には靖国神社に参拝したり、自衛隊を応援する保守系の議員もいるし、靖国神社反対、自衛隊違憲反対の左派系の議員もいるし、まことにバラエティーに富んでおりますが、今回の参院選の共産党などとの野党四党共闘はいけませんでしたね。

もとをただせば、自民党ではダメだ、しかし、かつての社会党のような何でも反対では、国民は安心して政権を任せられない。だから政権を担える責任ある政党として現実路線を歩む、ということを主眼にして民主党は結党したと仄聞しています。そんな折り、小泉政権の聖域なき財政再建で悲鳴をあげた国民は民主党に飛びついたわけですよ。現実的で政権を任せられると思ったからね。

ところが、フタを開けたらびっくり、現実どころか、鳩山、菅の両政権は、地に足がつかない、物が手につかない、政治は素人、いや素人以下。政策はなし。オソマツ君の一語につきたわけですね。このふたりのキャラクターのレベルは低過ぎた。しかも依然として政治に発言をしている。民進党はこのふたりをどっかの山寺にでも押し込めなきゃいけないんですよ。

結局、自民党しかないというわけで、再び自民党政権になりましたが、その後の選挙では民主党はどこでも惨敗。民進党になっても惨敗。そこで参院選では何が何でも勝たねば、となんと共産党と組んだ。おまけに社民党、生活の党も入れて野党四党共闘だって。

私は開いた口がふさがらなかったね。

まず、生活の党は、正しくは「生活の党と山本太郎となかまたち」というんだそうだが、このネーミングは「ミッキーと愉快な仲間たち」のパクリですね。ミッキーが可哀想。その共同代表が山本太郎氏と小沢一郎氏だというんだから、タロ、イチロコンビ。あの小沢さん、まだいたのって感じ。ま、今回比例で一議席を確保できてよかったよね。これで新勢力は合計二議席、複数ですよ。

社民党は北朝鮮労働党の友党ですから、日本の選挙に参加すること自体が、私としてはものすごい違和感があります。お願いですから、党を挙げて北朝鮮に引っ越してください。あなた方は拉致問題の加害者側に立つ人々です。

そして共産党。本来は私有財産を否定、天皇も否定、プロリタリア独裁を目指した政党です。かつてのソ連共産党の下部組織で、中国共産党や北朝鮮労働党とも兄弟関係にあった党です。民進党は、これらいってみれば、とても現実的とは思えない極端な主張をする異様な政党とタッグを組んだわけです。

いったい、誰がどう決めたのか知らないが、これは完全な失敗だったね。自民党はキライって思っていた人も共産、社民、生活と組まれたら、民進党に投票する気にはならないよね。民進党は自民党に勝てないために、とうとう、とち狂ってしまったんですね。

あの小沢一郎氏と志位和夫氏が手を握り合って「アベ政治にノーを」なんて悪い冗談だよ。

参院選で有権者はどうしたか。四党野合に耐えきれず、保守系の人は自民に、自民が嫌いな保守系の人は維新に走ったわけですね。

ではは反自民の人はどうしたか。保守系がいる民進はイヤだから、共産に走ったんですよ。ですから、自民と維新と共産は伸びたわけですが、民進や社民、生活は惨敗だよね。

民進党は鳩山、菅のでたらめ政治のイメージを払拭できるいいチャンスだったのに、共闘と組むという愚かな選択のために、まともな有権者からますます見放されたわけね。四党のなかで票を伸ばした共産党だけが笑っていますよ。

では、民進党に生き残るスベはあるのか。はっきりいいましょう。ありません。まずは考えが大きく違う者は袂を分かち、政策の一致によって政党を再編することです。政策の一致のない政党は、所詮、他の政党にかもられるだけだからね。まずは解党、自家撞着だけどこれが生き残りの条件だね。

植民地支配（平成二十八年十月号）

「日本が好き」が五十六パーセント。これ何だか分かりますか。台湾で行われた「どこの国が好きですか」という世論調査の結果です。二位は中国の六パーセント、三位は米国の五パーセント。五十六パーセントということはぶっちぎりだね。しかもこれは複数回答じゃないんですよ。「ひとつだけ選んでください」という質問で、台湾人の五十六パーセントがナンバー・ワンに「日本」と答えたんですよ。もし、「ふたつ選んでください」っていわれたら、九十パーセントを超すね。

日台交流協会の台湾事務所が行った世論調査の結果だそうだけど、別の調査では、「台湾に最も影響を与えた国」の一番が中国の五十パーセント、二番は米国の三十一パーセント、日本は三番で十一パーセントだったとか。「好きな国」調査の結果からみれば、中国の影響は「悪い影響」で、日本の影響は「いい影響」であることは論をまたないよね。

要するに、台湾は「日本は好きな国で、台湾はいい影響を受けている」のに対し、中国は「好きではない国で、悪い影響を受けている」と読み取れるのではないかな。

こんなふうに書くと、我田引水、牽強付会と叱られるかもしれないが、いやいや、そうではないという状況証拠がたくさんあります。

二年前に公開された映画「ＫＡＮＯ～１９３１海の向こうの甲子園」は、戦前の台湾の中等学校、嘉義農林の日本人、漢人、高山族の野球部員が協力して甲子園を目指す感動物語だ。そして見事栄冠をつかんで甲子園に出場する。この友情物語、制作したのは台湾人ですよ。

二年前の学生による台湾立法院占拠事件、理由は学生たちが中台サービス貿易協定で、台湾の経済が中国に乗っ取られることを怖れたからなんだ。それには五十万人もの市民が賛同したんですね。協定はお流れ。当時の国民党政権が大陸べったりだったことへの不信感です。

それもふくめて、ことし一月の総統、立法院委員（国会議員）選挙での民進党の大勝になったんですね。蔡英文新総統の得票率は、「日本好き」と同じ五十六パーセント。蔡新総統は、さっそく日本との協力関係の強化を打ち出したし、蔡総統の腹心で亜東関係協会の新会長の邱義仁氏は「対日関係の新時代」を言っている。いっそ、日台合併もありかな、なんてね。

こういうことは、いわゆる植民地支配で暴虐の限りを尽したとしたら、あり得ないことですよ。

英国の支配は間接支配で、少数民族や少数宗教に支配を任せたため、独立後は少数民族への迫害、弾圧が日常化したし、フランスの支配は徹底的な差別と搾取だったから、独立後は血で血を洗う内乱になった。ベトナム、ラオス、カンボジア、コンゴ、アルジェリア、ニジェール、マリ、チャドなどほとんど例外がない。さらにはコートジボアールなんかエボラ出血熱にいまも苦しんでいる。

こういうのを植民地支配、というんですよ。日本が韓国や台湾で行ったのは搾取ではなく、持ち出しで、それはいわば店舗の拡大です。赤字覚悟でお店《たな》を拡げたわけだな。もちろん、いいことずくめではありませんが、イギリスやフランのような差別、搾取と一緒には論じられないよね。

日本統治時代に逃げ出した李承晩のコンプレックスから来る「反日スローガン」にいまだに踊らされている韓国の言い分をまともに聞いていてはいけませんよ。

もういい加減、「植民地支配」という表現はやめにしないかな。「日本時代」あるいは「日本統治時代」が適当ではないかな。

◇

ところで、リオデジャネイロオリンピックも何とか終ったようだけど、IOCはなんで国際仲裁裁判所の裁定に従わない国や国連安保理決議に違反し続ける国の参加を認めているのかね。オリンピックは平和の祭典というけど、これらの国は世界平和の敵だよね。バッハだかベートーベンだか知らないが、ドイツは二十世紀前半に人類史上類を見ない大犯罪を犯した国だ。そのドイツ出身の会長なら、全体主義にはもっと厳しくして当然だろ。ロシアのドーピングばかりに気をとられていないで、四年後にはちゃんとやってよね。

社民党（平成二十八年十一月号）

北朝鮮が核実験をしましたね。

二〇〇六年の一回目から数えて五回目。これまでは実験の間隔が三年、四年、三年だったけど、今回は前回の水爆と称する実験から八ヵ月。規模も大きくなっているし、ミサイルもばかすか撃っているし、やりたい放題だね。

だけど、これに対する国際社会はどうだろう。何もできないじゃないか。

もろ、脅威にさらされている日本、韓国はもちろん、米国も中国も非難はしているけど、北朝鮮はどこ吹く風。国連安保理も緊急会合を開き、毎回のごとく「明白な違反かつ目に余る決議無視」と非難したけど、北は何の痛痒も感じてないだろうね。要するに、国際社会は北朝鮮になめきられているわけですね。

ノーベル平和賞のオバマ君は「核の先制使用はしない」なんて言い出そうとしたりして、どこまで北朝鮮の脅威を認識しているのか疑問だね。中国は「国際法違反」と非難をしているけど、制裁には及び腰、ロシアも同じ。要は制裁をして最終的に北朝鮮が崩壊すると、困るわけですよ。北からすれば「崩壊したら、お前ら困るんだろ」とばかりに悪さを続けているわけです。日本もそうだけど、「断固非難する」とはいうものの、何もできない。情けない限りですね。

だが、嘆いてばかりいても始まらない。北の核がここまで進化したとすれば、そして国際社会が何もできないとすれば、次は本当に人間の上に核を落とすかもしれない。核保有国ではなく、核を持たない日本か韓国が標的になるだろう。韓国は同胞だから、将来統一することを考えれば、日本にマトをしぼることは十分に考えられる。

でもね、日本には阻止するスベがない。そのために日米安保条約があるのだが、米国は本当に報復をしてくれるんだろうか。どうにも心許《こころもと》ないね。北からすれば、核による報復はない、とふめば、日本に核攻撃をしかけないとも限らない。にもかかわらず、日本には「九条守れ」なんてノーテンキな連中がいる。

じゃ、どうする？

早急に攻撃型の地対地、海対地ミサイルを導入することだ。いま持っている地対空の迎撃ミサイルではなく、核攻撃をされたら、あるいはされる可能性が大きいと判断したときは、発射基地を攻撃することだ。もちろん、核実験を行った豊渓里、核施設がある寧辺にもミサイルを撃ち込めるようにすることだね。

攻撃してくる基地を策源地というけど、策源地を攻撃することは憲法違反にはならないという政府見解はすでに何回も出されている。それでも憲法論議をしたいなら、日本が核攻撃されて、多くの市民が殺されてからしたらいい、そういう平和ボケの連中に、日本国民をみすみす殺させてたまるか。

ところで、北朝鮮の朝鮮労働党と友党の社民党は、北に「抗議する」といっているだけ。日ごろは声高に政府批判をするけど、こういうときはまことに穏やか。核も拉致も人ごとだね。かれらは集団的自衛権反対と言っているけど、集団的自衛権は北朝鮮を念頭に置いているんですよ。北朝鮮が何をするか分からないから、ああした法案を作らざるを得なかったんですよ。集団的自衛権に反対なら、社民党の諸君はまず北朝鮮に行って、金なんとかに会って「核実験やミサイル発射をやめて下さい。そうでないと集団的自衛権を行使することになりかねません」と懇願することだね。それとも、日本の集団的自衛権には反対だけど、北朝鮮の核実験やミサイル発射には賛成なのかね。

拉致問題もそうですよ。もう一度言う、朝鮮労働党と友党の社民党さんよ。吉田党首、福島前党首を先頭にデレゲーションを組んで平壌に赴き、「拉致被害者を返して下さい。返してくれるまではここを動きません」ぐらい言ったらいいじゃないか。

一体、君たちはどこの国の政党なんだ。まさか朝鮮労働党日本支部ではないだろうね。もし北朝鮮のミサイルが飛んできたら、社民党本部に当たりますようにと祈るばかりだ。

死刑廃止（平成二十八年十二月号）

日本弁護士連合会（日弁連）という組織があります。日本中の弁護士のみなさんが入っている組織です。この組織が十月に人権擁護大会を開き、「二〇二〇年までに死刑の廃止を目指す」という宣言案を賛成多数で可決したんだって。

理由は、冤罪などで無実の人が死刑になる可能性があり、それは取り返しのつかないことだから、死刑はやめよう、ということらしい。確かに冤罪で死刑判決を受け、執行されたら取り返しのつかいことですね。だから、死刑を廃止すれば、最悪の事態は回避できるということですよね。

でもこの論理、ちょっとおかしくないですか。おかしい理由はふたつ。

ひとつ目は死刑を廃止しても冤罪はなくならないということです。確かに最悪の事態は回避できるかもしれないけど、その分、安易に冤罪が生まれる可能性があるよね。捜査をする人も、求刑をする人も判決を出す人も、最悪の結果はすでに回避されているから、その分、緊張感が減るんじゃないかな。

ふたつ目は冤罪があり得ない事件、たとえば現行犯や客観的に冤罪とはなり得ない凶悪事件でも死刑が廃止されることへの説明がつかないということだね。

そういうと廃止論者は、死刑は残虐な刑罰で、国際的にも死刑廃止の潮流がある、無期刑を廃止して終身刑を設ければいいという。

でもこれもおかしい。死刑が残虐とは思わないけど、死刑になる人は残虐な行為をしたんだから、それなりの報いを受けさせるのが国家の務めなんですよ。それは被害者や遺族の心情をくめば容易に分かることだね。

少年犯罪などで、いつも「更生」のことが議論されるけど、「更生」は「罪の償い」を行った後の問題です。いきなり「更生」の可能性を論じたら、いつ「罪の償い」をさせるの？

明治六年、太政官は「仇討ち禁止令」を出しました。それまでは幕府や藩庁に届け出て、「親の仇」を探しだし、討ち果たせば立派な功績と認められた。しかし、太政官布告で禁止された。されればこそ、国家は遺族に代わって犯人を捕らえ、処罰する義務を負っているのです。その処罰の中に「死刑」があるんですね。だから死刑を廃止したら「仇討ち」を復活させなきゃならないじゃないの。

ま、それはともかく日弁連の大会に出た弁護士さんにも「死刑廃止反対」の人がいました。「人権擁護大会というが、加害者の人権ばかりを大事にして、被害者の人権は考慮されてない」とその弁護士さんは怒っていました。同感ですね。

被害者は加害者によって殺され、人権を完全に否定されたわけですよ。だったら加害者の人権が同じように否定されて何の不都合があるのかね。日弁連は人権擁護大会を開くなら犯罪被害者とその家族、遺族に寄り添う大会を開いてほしいね。

平成元年に横浜で坂本弁護士一家殺人事件というのがあったよね。オウム真理教による、一歳の坊やをふくむ家族三人を殺害したとんでもない事件だけど、坂本弁護士が所属していた事務所は「死刑反対」の立場だったんだって。でも仲間が殺されて、にわかに死刑賛成に転じたという話があった。

自分や仲間が被害者になれば、犯人憎しで死刑に賛成するということなんだろうか。ということは、死刑反対の弁護士さんたちは被害者の立場で死刑問題を判断していないということなのかな。

現在、日本には百三十人の死刑囚がいます。刑事訴訟法四七五条では原則として法相は死刑確定の日から六ヵ月以内に刑の執行を命じなくてはならない、とされているんですよ。ところが、何のかんのと理屈をつけて死刑執行の命令を出さない法相が多い。これって法律違反じゃないの。いくら罰則がなくても法相が法律を守らないのはいけないね。命令を出すのがそんなに嫌なら法相を辞退すりゃいいんだ。

死刑が確定して、「いつ処刑されるのか」とびくびくさせるのも残酷な話だから、法相はさっさと死刑の執行命令を出すべし。

トランプ大統領（平成二十九年一月号）

米国の大統領にトランプが決まりましたね。

今回の選挙はアメリカ史上最悪だったんだそうな。私がいってるんじゃない。アメリカの複数のメディアがいってるんだ。何が最悪だったかというと、ふたつあって、ひとつは、候補者のレベル。クリントンは傲慢で、嘘つきで、いつも上から目線、お金大好きで、とにかく鼻持ちならない女なんだって。彼女に取材した日本の記者も「笑顔で話してくれたけど、目を合わせようとしない」と不快感を表わしていた。

トランプはその人格の低さ、下品さだろう。セクハラをしたとか、黒人蔑視発言をしたとか、彼からは品性や教養を感じない。発言も異常ですね。「イスラム教徒は入国させない」「メキシコ国境に壁を造る」。こうした発言のレベルの低さは話にならない。

もうひとつはテレビ討論の内容だね。毎回、罵り合い、けなし合い、誹謗中傷合戦。われわれとしては日米問題、中国の海洋進出、北朝鮮問題、ＩＳ問題などをどうしようと思っているのか、を知りたかったけど、互いに相手を「差別主義者」「嫌な女」と罵り合うだけで、何も語られなかった。

まさか、ふたりともまともな政策がないから、討論を罵り合いでごまかしたわけじゃないんだろうね。結局、得票数ではクリントンが上回ったけど、選挙人の数ではトランプが上回ってトランプ勝利となった。

でもこれも変だよね。得票数が多い方が当選するのは民主主義の常識でしょ。なのに得票数が少ない方が当選することがあり得る選挙制度なんだ。そんなところも米国のシステムに普遍性がないことがうかがわれる。

トランプへの投票は、マイノリティーの人権擁護という建前によって、存在をないがしろにされていると感じた、従来からの住民である保守系白人の反乱、という解説記事があったけど、なるほどと思ったね。

一方でトランプ当選が決まった夜、全米では「彼はわれわれの大統領ではない」というデモが相次いだ。中には黒人やヒスパニックへの犯罪捜査が差別的に行われるんでは、と心配したり、同性愛者の人権が抑圧されるんじゃないかって心配している人もいるそうだ。こんなことはこれまでのアメリカではなかったことで、トランプの異常さに多くの国民が不安をもっている証拠だね。あの国の分裂は思った以上に深刻のようだ。

過激発言のトランプだけど、彼も大人、大統領になったら、暴言は影をひそめ、常識ある政治をするだろう、と楽観視するムキもある。だけどね、そう思うのは甘いと思うね。

彼は政治をやったことがない。軍隊勤務の経験もない。生まれながらの経営者だから組織の一員として働いた経験もない、ワンマンで過激発言を武器に大統領選挙を勝ち抜いたんだから、言ったことは実行に移そうとすると考えた方がいいね。

彼の当選で、TPPは葬られることになるだろうし、イスラム教徒に限らず、非白人の米国入国は厳しく審査されるようになるだろう。在日米軍も撤退を始めるかもしれない。南シナ海で何があろうと米軍は動かず、北朝鮮がミサイルをぶっ放しても知ったことじゃない。米兵の血を流してまでISと戦うこともしない。要するに保護主義ですね。

日本はどうしたらいいだろう。沖縄から米軍が撤退したら、力の空白地帯ができる。そこに北朝鮮や中国がつけ込んできてから「米軍さん行かないで」と泣いても遅いんだよ。日米安保条約はなくなるか、形骸化するかもしれない。

となれば、日本はいまから自衛隊の増強をふくむ防衛力強化を考えなくちゃならないし、アメリカの核があてにならないとしたら、核武装論議もあり得るだろう。なによりも、戦後七十年間、アメリカ依存、追随の在り方を全面的に見直して、「自立日本」を目指さなきゃいけないんじゃないの。その契機になるならトランプ大統領も悪くないかも。

ポケモンGO（平成二十九年二月号）

ある日の暮れ方のことである、と書き始めると芥川龍之介の「羅生門」と同じですが、私が山手線のある駅を降りると、駅前に数十人の人々が真剣なまなざしでスマホを見つめているのでありました。そして、時々、位置を変えたり、移動したりしているのでございます。

私はその異様な雰囲気にしばし呑まれました。やがて分かりました。この者たちはポケモンGOをやっているのだと。

多くは男性でしたが、女性もいました。二十代、三十代が圧倒的でしたが、なかには五十代と思われる者もいたのです。

ポケモンGOのことは聞いていたが、目《ま》の当たりにして、瞬間、私が感じたのは、何かの新興宗教に洗脳された群のようだということだった。

日本人というのは、世界でもかなりまともで、レベルもそこそこの民族というか、国民というか、集団だと思っていたが、この光景を見たとき、心底情けなくなったね。この者たちはただのガキではないか、と思ったからだ。ことばに品がなくて申し訳ありませんが、いまもそう思っています。

ポケモンGOは日米のゲームソフト会社が開発した、スマホを使う位置情報ゲームだそうだ。開発には日本の任天堂も加わっている。スマホをかざして見える現実の画面にポケットモンスター（ポケモン）と呼ばれる架空のキャラクターが現れ、それを捕獲したり、育成したりするゲームだそうである。

当然、常にスマホに注意を向けていなければならず、ポケモンが出現すると、スマホが振動して教えてくれ、ただちにスマホを開いてポケモンを探す。いつ、どこに出現するかはわからない。そこが魅力だともいう。日本では昨年七月からサービスが開始された。

でもね、こんな物が世の中に出回ったら、事故のもとだよね。ただでさえ、ケイタイしながら車を運転する者がいるし、事故が起き、犠牲者がでる。電話しながらでも前を見ることはできるけど、ポケモン見ながらだったら、前を見て運転することはできない。事故が起こるのは当然すぎるほど当然だ。

ところが、この国の政府はなんのためらいもなく、ポケモンＧＯの日本上陸を認めてしまった。これは信じがたいことですね。

上陸の翌月、愛知県春日井市で、ポケモンＧＯをしながら自動車を運転していた者が歩行者の女性をはねて死なせてしまった。同月末には徳島県で、同じくながら運転をしていた三十九歳の男性が歩行者二人をはねてひとり死亡、ひとりは重傷を負った。九月には京都府長岡京市でバイクの女性がポケモンＧＯをしていたクレーン車にひかれて死亡した。さらに十月には愛知県一宮市で、横断歩道を歩いていた小学四年生の男の子がながら運転のトラックにはねられて死亡した。死亡に至らないまでも重軽傷事故は頻繁に起こっている。七月のサービス開始からわずか一カ月で、ポケモンＧＯが原因の交通事故は千百四十件にのぼったそうだ。

交通事故だけではない。ポケモンＧＯで遊んでいる者にも被害者が出ている。画面のポケモンを追って駅のプラットホームから落ちそうになったり、自転車にぶつかったり、がけ下に転落したりと毎日ようにトラブルが起きている。

こうなることは目にみえていた。なのになぜこんな物を総務省は認可したのか。こんな物は表現の自由でもなんでもない。ただの危険ゲームであり、死者も出る殺人ゲームである。どうして提供を認めているのか、君たちは殺人に手を貸しているんだよ。

サービスを提供しているのは任天堂だそうだけど、事故が起こったらその賠償金は総務省、任天堂、加害者の三者が均等割りで支払ったらどうかね。総務大臣と任天堂の社長は交通事故が起こるたびに被害者の自宅に行って頭を下げるんだな。

こんな幼稚な物を作る会社、提供する会社、認可する政府、そして夢中になる者ども、呆れて物が言えない。

一つの中国（平成二十九年三月号）

トランプさんが無事、アメリカの大統領に就任しましたね。失礼ながら、私は彼を思想も信条もない利益第一主義の悪徳不動産屋だと思っているので、嬉しくもなんともありませんが、ひとつだけ、いい話があります。

それは彼が昨年十二月、フォックス・ニュースのインタビューに答えて、「どうして、『一つの中国政策』に縛られなきゃならないのか分からない」と、事実上、一つの中国政策を見直す発言をしたことです。このインタビューの前に、台湾の蔡英文総統が、大統領当選のお祝い電話をして、トランプさんは上機嫌で受け答えをしたそうです。台湾総統からの電話に、まだ就任していないとはいえ、大統領が出たのは三十七年ぶりなんだって。

アメリカは一九七九年に台湾と国交を断絶し、中国と国交を結びました。そして、「中国は一つ」という主張を受け入れ、「一国二制度」を唱えてきました。でもこれって何か変だよね。世界のどこからみても中国は一つではない。台湾には中国の主権は及んでいないし、司法、立法、行政、さらには警察、軍事のすべてにおいて、中国と台湾は別物だ。通貨もパスポートも違う。だから、一つの中国ではなく、明らかに二つの中国か、一つの中国と一つの台湾、というのが正しい。いやいや、南モンゴルをかすめ取り、新疆ウイグルとチベットを武力制圧して併合し、漢民族を植民して、他民族を抑圧する、香港の二制度も許さない。一つどころか侵略膨張国だよね。

予想された通り、中国は怒りましたね。「台湾がやらかした。策略だ」と息巻いた。

これに対してトランプさんは「お祝いの電話に出るかどうかを決めるのは中国ではない」と当たり前のことを言い、さらに「アメリカの武器を大量に買ってくれている台湾の祝意を受けちゃいけないというのは興味深い」と嫌味たっぷりでした。

トランプさんはお世辞にも紳士とはいえないが、相手が同じく紳士ではない中国なら、どんどん発言してもいいいんじゃない。

ところが、アメリカのケリー国務長官が、トランプ発言の後、中国に電話をして「アメリカの『一つの中国政策』に変わりはない」とのたもうたそうな。わざわざ電話して言う必要あるんかいな。こんな甘い態度だから、南シナ海で我が物顔をされ、挙句にトランプさんに選挙で負けちゃうんだよ。

さて、蔡英文総統ですが、一月には中南米に行く途中でアメリカに立ち寄り、上下両院の議員と懇談をしている。共和党の議員とは、米台関係強化について話し合ったというんだね。共和党の大統領候補だったクルーズ上院議員とも会談したけど、会談の前に、クルーズ議員に中国から「蔡英文に会うな」っていう圧力電話があったというんだから、中国という国のみみっちさ、いやらしさは度を超えている。ストーカー的な不気味さを感じる。どれだけ蔡英文さんが怖いんだろ。

さあ、そこで日本だ。世界で一、二を争う親日国である台湾、東日本大震災ではいち早く多額の支援をしてくれた台湾、総統は日本びいきだし、頼清徳台南市長は、日本で講演した際、「世界で最も日本と親密な国、台湾」と述べ、熊本地震では、自身の給与を支援金として差し出している。そんな国が他にありますか。頼市長はこうも述べている。「台湾は主権独立国家である」。

まさにその通り。

日本は一九七二年の日中国交樹立以来、多額のODAを拠出して、中国の経済成長を支援してきた。支援を受けているときはえびす顔で、パンダもトキも提供してくれた。だけどどうだい、改革開放路線がうまくいき始めたら、尖閣周辺では領海侵犯を繰り返し、自衛隊には威嚇、靖国問題でも、南京問題でもいちゃもん。それに有効な対策の立てられない日本政府。

いっそのこと、「日本国政府としては、台湾は主権国家として認識し、国連への再加盟を支持する」とでも言ったらどうかね。中国の顔色ばかりうかがっていないで、日本こそ主権国家としての発言をしてほしいよね。

二十二世紀（平成二十九年四月号）

六年半にわたって連載してきた本欄も今回が最終回です。みなさん、長い間、ご愛読、有難うございました。本欄は消えても「正論」は永遠です、なんていってみたいけど、私はいまとても心配していることがあるんですよ。それは人類は二十二世紀を迎えられるのか、ということです。つまり二十一世紀のうちに滅びるんじゃないか、ってことです。

そんなバカな、と思われるかもしれませんが、その兆候が私には見えます。

人類は誕生から社会的にも、政治的にも、文化的にも進歩をして、いつかは理想的な世界を作り上げる―という考えを進歩史観といいます。これをイギリスの哲学者、カール・ポッパーは「歴史主義」と名付けました。

たとえばキリスト教の歴史観には、神が最後の審判を下し、その後は善良な者の世界が生まれる、という考えがあります。マルクス主義では奴隷制、封建制、農奴制があって、それが資本主義になり、さらに帝国主義へと進み、革命によって、理想的な共産主義社会が実現すると考えます。マルクスのこの考えには、キリスト教の下地があることは明らかだよね。

しかし、現実の世界はそうではない。二十世紀は戦争と革命の世紀といわれていますが、十九世紀までは騎士や武士だけが行っていた戦争が、第一次世界大戦では一般の者も兵隊にされて戦いに参加させられ、第二次世界大戦では銃後の女性や子供も多く犠牲になりました。戦争に関していえば、歴史は明らかに退化しているようだね。

二十一世紀はテロの世紀といわれている。九・一一に始まり、ISが台頭し、世界各地でテロが頻発している。いまや駅が、教会が、レストランが標的です。

かつての戦争は宣戦布告で始まり、どちらかが降伏したり、妥協したりして終わりました。戦争が終わればとりあえずの平和が訪れた。だけど、現代はいまが戦争状態なのか平和なのかの区別がつかない。もちろん、宣戦布告なんてない。常に緊張状態のなかで暮らすしかない。国連憲章や日本国憲法に書かれている国際秩序なるものは消し飛んでいる。

世界第二の核大国であるロシアは隣国ウクライナの一部を武力で併合しちゃった。国際社会は非難するけど、何もできない。世界第二の経済大国は仲裁裁判所の裁定を無視して、南シナ海を軍事基地化している。そして人類の汚点ともいうべき北朝鮮は大陸間弾道弾を開発したと叫び、ミサイル発射を続けている。ＩＳは世界のあらゆるところで、テロを繰り返す。彼らは国際秩序をあざ笑っているだろう。

そんな折にアメリカにとんでもない大統領が現れた。彼はロシアのプーチンを尊敬しているとのたもうた。永住権を持っていたり、ビザの発給を受けていたりする人を国籍を理由に入国を許可しないと言い出した。自国さえよければなんでもあり、というのがその本音だ。

好むと好まざるとにかかわらず、第二次世界大戦後の国際秩序維持について、アメリカはそれなりの役割を果たしてきたが、トランプは逆で、国際秩序の破壊者になりかねない。ＥＵからの脱退を決めたイギリスもそうだが、どの国も自分のことしか考えなくなっているよね。

戦争だけじゃないですよ。環境問題もあります。地球温暖化とか、食料問題とか、極めつきはパンデミック、感染症の世界的な広がりは本当に怖いよ。

こういうことには各国が協調しないと解決は難しい。でも、いまのままでは無理だね。国際機関は手足をもがれている。私からみると二十一世紀の人類は誕生以来、最も愚かな時代に突入したのでないかと思いますね。

一九九一年、ソ連が崩壊して、これで人類は共産主義の恐怖から解放され、輝かしい二十一世紀が来る、と喜んだけど、いまとなっちゃ、東西冷戦時代の方がましだった。二十一世紀はまだ八十年以上ある。愚かな指導者を排除して地球規模の問題に取り組まないと、人類の生き残りは難しいだろう。

大野敏明（おおの　としあき）

昭和26（1951）年、東京都生まれ。50年、学習院大学法学部卒、同年、産経新聞社入社、特集部長、大阪文化部長、千葉総局長、編集局編集長、編集委員などを歴任、現在、亜細亜大学、国際医療福祉大学各講師。元拓殖大学客員教授、元東京医科歯科大学講師。
主な著書に『知って合点　江戸ことば』『日本語と韓国語』『西郷隆盛の首を発見した男』（以上文春新書）、『歴史ドラマの大ウソ』『坂本龍馬は笑わなかった』（以上産経新聞出版）、『生き腐れる国との訣別』（木村才蔵のペンネーム、展転社）、『新選組　敗者の歴史はどう歪められたのか』『日本人なら知っておきたい名字のいわれ・成り立ち』『切腹の日本史』（以上実業之日本社）など。共著に『世界各国「漢字音」対照辞典』（慧文社）など。

不都合な日本語

平成二十九年九月九日　第一刷発行

著　者　大野　敏明
発行人　藤本　隆之
発　行　展　転　社

〒157-0061　東京都世田谷区北烏山4-20-10
TEL　〇三（五三一四）九四七〇
FAX　〇三（五三一四）九四八〇
振替〇〇一四〇―六―七九九九二

印刷　中央精版印刷

乱丁・落丁本は送料小社負担にてお取り替え致します。
定価［本体＋税］はカバーに表示してあります。

ISBN978-4-88656-438-2

てんでんBOOKS

[表示価格は本体価格（税抜）です]

日本近現代史の真実　土屋たかゆき

●捏造された歴史に基づく、いわれなき日本非難に対する正当な回答・反論を、問答形式でわかりやすく説明。　1500円

明治頌歌　新保祐司

●言葉で奏でる「明治の精神」。美しい音となって、日本人の魂に響き渡れ！偉大な明治時代を回想し、精神を描き出す。　1300円

昭和初期政治史の諸相　堀茂

●天皇陛下による「国軍」統帥が、日本を救う！昭和初期の政治の諸相を探り、当時の軍政関係を考察する。　2500円

一九一一年版ブリタニカが語った日本外交　戸山穣

●ソ連成立前のブリタニカ百科事典は、当時の英米の知識人が、日本をどのように捉えていたかを示す貴重な資料である。　2000円

三島由紀夫かく語りき　篠原裕

●三島氏は我らに何を遺していったのか？膨大精緻なる創作と言動の一端に、元楯の会一期生が肉迫する！　1800円

敗戦復興の千年史　山本直人

●日本人が忘れたもう一つの敗戦〝白村江の戦〟を探り、千年の時空を超えて甦る壮大な敗戦復興。　1600円

「世界」が誤る慰安婦問題　上田英明

●ありもしない慰安婦問題で世界から貶められる日本。世界の誤認識を正すため、真実を主張しなければならない。　2000円

比較国体論　里見岸雄

●支那、印度、西洋の帝王思想を詳説し、皇道国体との異同を明かにし、日本皇道、支那王道の誤謬を破折し尽くす。　8000円